KB266718

교회와 평신도의 자아상

국제제자훈련원은 건강한 교회를 꿈꾸는 목회의 동반자로서 제자 삼는 사역을 중심으로
성경적 목회 모델을 제시함으로 세계 교회를 섬기는 전문 사역 기관입니다.

평신도를 깨운다 사역훈련 II

교회와 평신도의 자아상

초판 1쇄 발행 1999년 5월 10일
개정 3판 16쇄(56쇄) 발행 2026년 3월 1일

지은이 옥한흠

펴낸이 오정현
펴낸곳 국제제자훈련원
등록번호 제2013-000170호(2013년 9월 25일)
주소 서울시 서초구 효령로68길 98(서초동)
전화 02)3489-4300 **팩스** 02)3489-4329
이메일 dmipress@sarang.org

ISBN 978-89-5731-132-5 04230
ISBN 978-89-5731-130-1 04230(세트)

사역훈련 Ⅱ

교회와 평신도의 자아상

옥 한 흠

국제제자훈련원

유의 사항

사역훈련을 만족스럽게 받으려면 다음의 몇 가지 유의 사항을 잘 지켜야 할 것이다.

1. 지도자를 사랑하고, 신뢰하며, 그를 위해 열심히 기도해 주어야 한다.

2. 결석을 하거나 중도에 하차하지 않도록 각별히 노력해야 한다. 한두 번의 고비가 있을지 모르지만, 그 때마다 도와주고 아껴 주어야 할 것이다.

3. 교재 예습을 반드시 해야 한다. 예습을 하는 것과 하지 않는 것은 대단한 차이가 있다. 똑같은 시간을 소비하면서 얻는 수확이 남만 못하다면, 그것은 참을 수 없는 일이다. 예습을 하지 않은 데서 오는 손해를 후에 보상받을 생각은 하지 않는 것이 좋다.

4. 매주 가정에서 준비해 와야 하는 과제들을 소홀히 다루지 않도록 노력하자. 처음부터 숙제를 철저하게 하는 습관을 몸에 익히는 것이 좋다.

5. 전인격적인 훈련의 기회로 삼아야 한다. 머리만 움직이는 사람은 차가운 이론가는 될지 모르나 주님을 사랑하는 제자는 될 수 없다. 우리의 지·정·의가 모두 집중되는 훈련이라야 성령의 놀라운 개입을 체험할 수 있게 된다. 말씀을 배웠는가? 그 말씀을 안고 기도하라, 기도는 배운 바를 마음에 담는 작업

이다. 그리고 즉시 그 말씀을 실천의 장으로 옮겨 놓으라. 이렇게 말씀을 배우고, 깨닫고, 실천하는 과정에서 자신도 모르는 사이에 주님을 닮아가는 자신을 발견하게 될 것이다.

"내가 주의 법을 어찌 그리 사랑하는지요. 내가 그것을 종일 작은 소리로 읊조리나이다"(시편 119:97).

6. 훈련받는 동안 말씀 사역을 위해 필요한 은사를 계속 발굴해야 한다. 그리고 말씀을 가르치는 일에 이미 종사하고 있는 형제들을 주의 깊게 관찰하면서 장단점을 파악하여 좋은 점들은 즉시 자기의 것으로 만드는 적극성을 보이는 것이 좋다.

7. 가정에서 식구들을 앉혀 놓고 성경을 가지고 지도하는 훈련을 조금씩 쌓는다면 그 열매는 엄청날 것이다.

8. 기도의 능력을 얻도록 최선을 다해야 한다. 메마른 구름이 아니라 비를 몰고 오는 구름이 되려면 기도 외에는 다른 길이 없다는 것을 항상 명심하고 훈련을 받는 것이 좋다.

교회와 평신도의 자아상

2권은 교회와 자기 자신에 대한 생각을 바꾸는 데 중점을 두고 있다. 당신이 아무리 새 사람이 되었다 해도 바로 배우지 아니하면 교회를 보는 눈이 바뀔 수 없다. 당신의 교회관을 개혁하라. 당신의 자아상을 신선하게 바꾸라. 이것이야말로 교회의 체질을 바꾸는 지름길이 될 것이다. 교회가 무엇이며, 그 교회에 소속된 나는 누구인가를 바로 알면 아는 것만큼 당신의 신앙 생활은 활력과 꿈을 갖게 될 것이다.

차례

1

교회란 무엇인가?

예수님이 세상에 계시는 동안 제자들을 훈련시키고 떠나시면서
성령을 보내 주신 이유는, 이 지상에 교회를 세워 잃은 양들을 구원하며
구원 받은 하나님의 백성들을 통해 영광과 경배를 받으시기 위함이다.
그러므로 교회는 부활하신 예수 그리스도께서 그의 뜻을 펴시는 지상의 현장이며,
하나님이 하나님으로서 높임을 받으시는 거룩한 나라라고 할 수 있다.
이런 의미에서 교회는 언제나 당대의 사람들을 향하신 하나님의 뜻을
바로 파악하여 그 뜻을 펼 수 있게 늘 준비하고 있어야 한다.
요즈음 교회에 출석하는 사람들 가운데
교회가 무엇인가를 잘 모르고 있는 경우를 자주 볼 수 있다.
대한민국에 살면서 자기 나라에 대해 잘 모른다면
그는 수준 이하의 사람이라고 해야 할 것이다.
우리가 교회를 바로 이해하고 보는 눈을 가지면
우리의 생활이 교회 중심으로 바뀔 수 있다.
그리고 일상 생활 현장이 교회 생활의 연장이 될 수 있을 것이다.
교회를 잘못 이해하는 데서 병든 신앙 생활이 나타난다.
사회에서 맛 잃은 소금으로 짓밟히는 그리스도인이 되어 버린다.
그리고 교회를 하나님 중심이 아닌
자기 중심으로 이용하는 육적인 신자가 되어 버린다.
건전한 교회관은 평신도에게 큰 유익을 가져다 준다.
교회를 보는 올바른 의식을 가진 자만이
하나님의 손에 아름답게 쓰임을 받을 수 있는
적격자라고 할 수 있다.
한번 자문해 보라. 나는 교회를 어떻게 보고 있는가?

1. 다음 말씀에서 교회를 무엇이라고 하는지 살펴보라.

고린도전서 1:2

1) 교회에 대한 두 가지 다른 표현은 무엇인가?

2) '성도'란 무슨 뜻인가?

3) 교회는 사람, 건물, 조직, 일 중에 어느 것인가?

에베소서 2:19

1) 왜 교회가 하나님의 권속인가?

2) 교회가 가족의 모임이면 어떤 성격을 띠어야 할까?

2. 교회는 세상으로부터 부름받은 하나님의 백성들의 모임이다. 이
   사실을 마태복음 22장 1~14절에 기록된 예수님의 비유는 어떻게
   설명하고 있는가?

   1) 본문의 내용을 간단히 요약하라.

2) 잔치 자리에 온 사람들이 참석하게 된 경위는 무엇인가?

3) 이 비유는 교회를 가리킨다. 다음 것들은 교회의 무엇을 나타내
고 있는가?

• 임금

• 종들

• 초청

• 잔치

• 예복

4) 당신이 많은 사람들 가운데서 부름받은 자가 되었다는 사실에
   대한 감격을 적어 보라.

3. 교회는 세상으로 보냄을 받은 그리스도의 제자들의 모임이다. 다
   음에 나오는 말씀을 가지고 이 사실을 설명하라.

요한복음 20：21

1) 본문의 배경을 설명하라.

2) '너희'는 누구를 가리키는가?

3) '보낸다'는 말의 의미를 설명하라.

마태복음 28 : 18~20

1) 본문의 배경을 설명하라.

2) 예수님은 무엇을 명령하고 계시는가?

3) '너희'는 누구라고 생각하는가?

4) 그리스도의 명령은 절대 명령이라고 할 수 있다. 왜 그런가?

5) 당신도 이 명령을 받은 사람이라고 보는가?

4. 교회가 세상으로 보냄을 받은 제자의 공동체라는 사실을 다음 두 가지 사실로 더 분명하게 증명할 수 있다.

에베소서 2:20

1) 본문의 내용을 자신의 말로 적어 보라.

2) ‘너희’는 누구를 가리키는가?

3) 선지자와 사도는 각각 누구를 말하는 것인가?

4) 교회가 세상으로 보냄을 받은 제자들의 모임이라는 사실에 관해 인도자의 강의를 들어 보라.

사도행전 1:8

1) 본문의 내용을 다시 한 번 자신의 말로 풀어 써 보라.

2) 성령이 오신 가장 중요한 목적에 관해 인도자의 강의를 들으라.

3) 당신이 보냄을 받은 소명자라는 것을 성령과 관련해서 말해 보라.

5. 지금까지 배운 것을 토대로 우리는 지상 교회를 다음과 같이 정의
   할 수 있다. '교회는 세상으로부터 부름받은 하나님의 백성이요,
   동시에 세상으로 보냄받은 그리스도의 제자다.' 이 정의를 놓고
   다음의 몇 가지 문제를 토의해 보라.

   1) 현실 교회가 부름 받은 특권에만 치중하고 보냄 받은 소명에는
      등한히 하고 있다는 지적을 받아야 한다고 생각하는가? 그렇다
      면 그 증거를 말해 보라.

2) 보냄받은 소명을 무시할 때 평신도의 신앙 생활이 어떤 방향으
   로 흘러갈 수 있다고 보는가?

6. 이 시간 교회에 대해 당신이 새로 발견한 사실을 다시 정리하라.

교회의 특권과 소명

평신도가 깨어나기 위해서는 지상 교회의 정의를 다시 써야 할 것이다. 지상 교회는 세상으로부터 부름받은 특권만 가진 것이 아니다. 세상으로 보냄받은 소명을 함께 가지고 있다. 천상의 교회라면 세상으로 보냄을 받을 필요가 없고, 세상에 나가 복음을 전할 이유가 없을 것이다.

그러나 우리가 몸을 담고 있는 교회는 지상에 남아 있는 교회이다. 특권과 함께 소명을 자신의 신앙으로 고백할 수 있어야 한다. 그래서 특권만 알고 소명을 모르는 절름발이 교회를 만들지 말아야 한다.

인도자는 "당신이 부름받은 특권을 누리고 있는가? 그러면 보냄받은 소명에 순종해야 한다"고 가르칠 수 있어야 하고, 훈련생 역시 그렇게 믿고 고백할 수 있어야 오늘의 교회가 몽롱한 잠에서 깨어날 수 있을 것이다.

– 옥한흠 –

2

교회의 존재 이유(1) : 예배

교회에 출석하는 그리스도인들은
교회가 왜 이 세상에 존재하는가를 시간마다 물어야 할 것이다.
존재 이유를 항상 염두에 두고 생각하는 교회라면
항상 하나님이 원하시는 뜻을 실천하려고 노력할 것이다.
'교회는 하나님의 영광을 위해 세상에 존재한다'는 이 한 마디가
모든 것을 다 이야기하는 가장 간단한 대답이 될 수 있을 것이다.
그러나 이 대답은 추상적이어서 구체적인 내용을 담은 설명이 필요하다.
편의상 세 가지로 나누어서 생각하는 편이
문제의 핵심을 빨리 이해할 수 있다.
어느 교회든지 우리가 생각하려고 하는
세 가지의 존재 이유에 충실할 때
하나님이 영광을 받으실 수 있다.
그러므로 그 중 하나라도 등한히 해서는 안 될 것이다.

1. 교회가 세상에 존재하는 첫 번째 목적은 하나님을 위해서이다. 이
   사야 43장을 가지고 이 사실을 찾아보라.

   1) 7절의 말씀을 간단히 요약하라.

   2) '내 이름으로 불려지는 모든 자'는 누구를 말하는 것인가? (1절)

   3) 하나님이 그들을 창조하신 이유가 어디에 있는가?

   4) 21절을 쉽게 풀어서 다시 정리해 보라.

5) 하나님의 찬송이 어떤 것인지 몇 가지 예를 들어 보라. (요한계
시록 15:3~4; 시편 40:5, 16)

6) 여기서 우리가 발견할 수 있는 교회의 존재 이유가 하나 있는
데, 그것이 무엇이라고 생각하는가?

2. 교회가 하나님의 영광을 위해 해야 할 가장 중심 되는 일은 무엇
인가? 요한복음 4장 23~24절을 가지고 검토하라.

1) 본문의 내용을 자신의 말로 쉽게 풀어 써 보라.

2) 참예배는 어떻게 드리는 것인가?

3) 교회가 교회다우려면 예배가 살아 있어야 한다. 당신이 예배에서 가장 감동적이고 은혜스럽다고 느끼는 것이 있다면 무엇인지 적어 보라.

4) 당신은 주일 예배를 위해 얼마나 정성을 쏟고 있는가?

5) 당신이 드리는 예배에 만족하고 있는가? 만족하지 못한다면 그 원인을 한번 찾아보라. 그리고 인도자의 강의를 들은 다음 자신이 발견한 원인과 어떤 연관이 있는가를 생각하라.

3. 하나님께 드리는 예배는 교회가 공적으로 드리는 예배로 끝나는
   것이 아니다. 로마서 12장 1절 말씀은 이 점에 대해 무엇을 가르
   치고 있는가?

   1) 본문의 내용을 다시 한 번 쉽게 풀어 써 보라.

   2) 우리가 드려야 할 영적 예배는 어떤 것을 말하는가?

   3) 몸을 드리는 제사는 어떤 것을 말하는가?

4) 당신은 당신의 삶 전부가 하나의 거룩한 예배라는 확신을 가지고 있는가? 그 확신 때문에 당신이 다른 사람과 다르게 생활하는 것이 무엇인가?

5) 당신은 자신이 하고 있는 일이 하나님께 드리는 예배라고 믿는가? 비록 하찮은 일처럼 보이지만, 그 일이 바로 주님을 섬기는 주님의 일이라고 확신하고 있는가? 직장 생활 혹은 가정생활을 놓고 양심껏 반성해 보라.

6) 당신이 직장이나 가정에서 겪는 불만, 고통, 권태, 허무감 등은 그 원인이 어디에 있다고 생각하는가?

4. 하나님의 자녀가 세상 앞에 보여 줄 수 있는 가장 자랑스러운 것이 있다면 하나님을 영화롭게 하는 예배일 것이다. 우리는 교회가 정한 시간을 따라 한 자리에 모여 드리는 공식적인 예배는 물론 사적으로 드리는 각종 예배와 자신의 몸을 가지고 하루 종일 뛰는 일상생활 전부를 거룩한 예배가 되게 하고자 성실하고 의롭게 살아야 한다. 이는 하나님의 자녀들만이 가질 수 있는 특권임에 틀림이 없다. 교회인 하나님의 자녀들이 하나님을 예배하는 모습을 보고 세상 사람들은 무엇을 알게 된다고 생각하는가?

5. 지금까지 당신이 예배에 대해 잘못 알고 있었거나 바람직하지 못하게 행동한 것이 있다면 무엇인지 살펴보라. 성령께서 각자 마음속에 깨닫게 하시는 것이 틀림없이 있을 것이다. 한 가지씩 적어 보라. 그리고 앞으로 잘못된 것을 어떻게 고칠 것인지, 어떻게 하나님을 기쁘게 하는 바른 예배자가 될 것인지 자신의 결단을 함께 기록하라.

예배는 삶이다

교회에 가서 당신은 정말 자신이 부르고 있는 찬송가의 의미를 생각하고 당신이 듣는 설교의 가르침에 대해 묵상하는가? 당신은 경건한 마음을 계발할 필요가 있다. 그리고 교회 안에 있을 때만 예배를 드려서는 안 된다. 교회 예배는 당신이 항상 예배를 드릴 수 있게 만드는 기폭제가 되어야 한다. 『궁극적 최우선』이란 책에서 나는 우리가 순종할 때 예배를 가장 잘 드릴 수 있다고 말한 바 있다. 순종은 예배의 기초적인 전제 조건이다. 순종과 마찬가지로, 예배 역시 주일에만 실행되는 것이 아니라 우리 삶의 한 방식이 되어야 한다.

– 존 맥아더 –

"

3

교회의 존재 이유(2) : 훈련

지난 시간에 이어 오늘은 교회가 세상에 존재하는 두 번째 이유를 공부하게 된다.

교회는 교회 자체의 건강과 생존을 위해

교회로서 제 구실을 바로 하지 아니하면 안 된다.

좋은 교회를 얻는 것은 좋은 남편이나 아내를 얻는 것 못지 않은

행복의 조건이라 할 수 있다.

교회가 바로 서서 잘 지도하고 돌보아 주지 아니하면

한 사람도 자기 믿음을 끝까지 유지하지 못할 것이다.

그리고 마귀의 유혹과 공격으로부터 살아남을 수도 없을 것이다.

이런 의미에서 교회는 믿는 자들에게 영적인 어머니가 된다.

어머니를 떠나면 아기가 안전할 수 없듯이

교회를 떠나면 아무도 안전할 수 없는 것이다.

그렇다고 교회가 양떼를 보호하는 역할만 하기 위해 존재하는 것은 아니다.

교회는 평신도가 믿음 위에 바로 서서 지체 간에 서로 돕고

더 나아가서는 세상에서 빛과 소금의 역할을

제대로 감당할 수 있도록 하나님의 말씀으로

철저히 교육하지 아니하면 안 된다.

말씀을 가르치는 일은

교회가 맡은 가장 중요한 사명이다.

만일 교회가 없다면 어디서 말씀을 배우며

영적 훈련을 받을 수 있겠는가?

1. 교회가 존재하는 두 번째 이유는 교회 자체의 건강과 생존을 위해
   서이다. 사데 교회의 형편을 가지고 이 사실을 확인해 보라.

   1) 요한계시록 3장 1~3절의 내용을 자신의 말로 쉽게 풀어 써 보라.

   2) 사데 교회는 중병을 앓고 있었다. 무엇을 보고 알 수 있는가?

   3) '행위가 온전하지 못하였다'는 말은 무슨 의미인가?

   4) 영적으로 중병을 앓고 있는 교회에서 볼 수 있는 좋지 못한 행
      위에는 어떤 것이 있는지 한번 예를 들어 보라.

5) 사데 교회가 어려움에 빠진 원인이 무엇인지 3절을 가지고 추리해 보라.

____

____

- -

- -

- -

6) 우리 교회는 이런 병에 걸리지 않았는가?

____

____

- -

- -

2. 예수님은 승천하시면서 교회에 무엇을 명령하셨는가? 마태복음 28장 18~20절을 가지고 대답하라.

1) 예수님의 명령을 19~20절에 나오는 다섯 개의 동사를 가지고 정리하라.

____

____

____

- -

- -

2) 가르쳐 지키게 하는 교육은 '훈련'이라고 할 수 있다. 교육과
   훈련의 차이점을 예를 들어 말해 보라.

3) 당신이 현재 받고 있는 제자훈련을 어떻게 생각하는가? 주님이
   명령하신 대로 가르쳐 지키게 하는 훈련이라고 할 수 있는가?

3. 교회가 성도를 말씀으로 잘 훈련하면 교회 자체를 위해 어떤 유익
   을 얻을 수 있는가? 다음에 인용된 성경 본문을 가지고 찾아보라.

베드로전서 2:2

사도행전 20:32

데살로니가전서 5:14 (참고, 데살로니가후서 3:11)

사도행전 19:8~10, 18~20

4. 예수 그리스도께서 성도를 훈련시킬 목적으로 교회에 주신 것은
무엇인가?

에베소서 4:11~13

1) 본문의 내용을 자신이 이해한 말로 쉽게 풀어 써 보라.

2) 주님은 교회에 어떤 직분들을 허락하셨는가?

3) 교역자가 하는 일이 무엇인지 세 가지를 지적하고 설명하라.

4) 당신은 이 세 가지를 자신의 축복으로 만들기 위해 교역자의 지
   도를 잘 받고 있는가?

5) 당신은 신앙 인격을 먼저 닦은 다음에 직분과 일을 맡은 사람인
   가? 아니면 거꾸로 한 사람인가? 만일 거꾸로 했다면 그 동안
   발견한 나쁜 점은 무엇인가?

디모데후서 3:16~17

1) 본문의 내용을 자신이 이해한 말로 쉽게 풀어 써 보라.

2) 성경을 주신 목적은 무엇인가? (17절)

____

____

- -

- -

- -

3) 교회에 교역자를 주신 목적과 성경을 주신 목적이 어떤 점에서
   일치하고 있는지 살펴보라.

____

____

- -

- -

- -

4) 성경을 주신 목적을 위해 성경이 가지고 있는 네 가지 기능이
   무엇인지 말하고, 그 의미를 생각해 보라. (16절)

____

____

- -

- -

5) 당신은 온전한 인격과 삶을 갖추기 위해 성경을 통해 얼마나 교
   훈과 책망과 바르게 함과 의로 교육함을 받고 있는가? 각자 솔
   직한 심정으로 이야기해 보자.

____

____

____

____

____

____

6) 각자가 제자훈련과 사역훈련에 몸을 담은 이후 자신의 인격과 삶
   에 어느 정도의 변화가 있었는지 기도하는 마음으로 적어 보라.

____

____

____

____

____

____

어머니 같은 교회

우리가 복음을 믿음으로 말미암아 그리스도께서는 우리의 그리스도가 되시고, 우리는 그가 가져오신 구원과 영원한 부에 참여하게 된다. 그러나 우리의 믿음을 일으키고 키우며 목적지까지 전진하려면 무지하고 태만한(또는 경박한) 우리들에게는 외적인 도움이 필요하기 때문에, 하나님께서는 우리의 약점에 대비해서 필요한 보조 수단도 첨가하셨다. 그리고 복음 전파가 활발하게 전개되도록 이 보물을 교회에 맡기셨다.

목사와 교사들을 임명하셔서(에베소서 4:11) 그들의 입을 통하여 자기 백성을 가르치게 하셨으며, 그들에게 권위를 주셨고, 끝으로 신앙의 거룩한 일치와 올바른 질서를 위해서 도움이 될 만한 것은 하나도 빠뜨리지 않으셨다. … 하나님께서는 교회의 품속으로 자녀들을 모으기를 기뻐하셨는데 이는 그들이 유아와 어린아이일 동안 교회의 도움과 봉사로 양육받을 뿐 아니라 어머니와 같은 교회의 보호와 지도를 받아 성인이 되고 드디어는 믿음의 목적지에 도달하게 하시려는 것이다. … 연약한 우리는 일평생 교회에서 배우는 자로 지내는 동안 이 학교에서 떠나는 허락을 받을 수 없다. 그뿐 아니라 교회의 품을 떠나서는 죄의 용서나 구원을 받을 수 없다.

– 존 칼빈 –

4

교회의 존재 이유(3) : 증거

이 시간에는 교회가 존재하는 이유 세 번째 내용을 다루게 된다.

교회는 세상을 위해 존재한다.

에밀 브르너는 "불이 타고 있기에 존재하는 것처럼

교회는 선교하기에 존재한다"라고 말했다.

만일 세상을 위해 교회가 할 일이 아무것도 없다면

지상에서 교회는 벌써 사라지고 말았을 것이다.

소명 받은 제자로서의 교회는 세상으로 나가야 한다.

또한 그들은 나가는 곳마다 교회가 왜 존재해야 하는가를

행동으로 보여 주어야 할 것이다.

불행하게도 오늘날 많은 교회가 세상을 위해 존재한다는 사실을

지나치게 소극적으로 생각하고 있는 것 같다.

교회는 세상 안에서 그 존재를 좀더 크고 강하게 부각시켜야 한다.

작은 겨자씨 한 알로만 남아서는 안 된다.

빨리 사방을 덮는 나무로 그 모습을 나타내어야 한다.

1. 교회가 세상에서 해야 할 궁극적인 사명과 책임이 무엇인가?

   마태복음 6 : 9~10

   1) 본문의 내용을 자신의 말로 다시 정리해 보라.

   2) 교회가 우선적으로 해야 할 세 가지 기도의 내용과 그 의미를 말하라.

   3) 당신은 세상 속에서 이 기도가 성취될 것이라는 소망을 갖고 지상 교회를 바라보는가?

마태복음 13:31~33

1) 두 비유를 간단하게 설명해 보라.

2) 두 비유의 핵심적인 사상은 무엇인가?

2. 교회가 세상을 위해 해야 할 첫 번째 사명은 영혼을 구원하기 위해 복음을 전하는 것이다. 이에 대해 성경은 무엇이라고 말씀하고 있는가?

마태복음 24:14

1) 교회는 세상 어디까지 복음을 전할 책임이 있는가?

2) 세계 역사가 언제까지 지속되는가? 그 이유는 무엇인가?

3) 온 세상 모든 민족이 복음을 듣고 구원을 얻는 것이 세상 가운데 교회가 존재하는 이유요 사명이라는 사실에 대해 당신은 무엇을 느끼는가?

로마서 1:13~15

1) 본문의 내용을 자신의 말로 다시 적어 보라.

2) 바울은 자신을 빚진 자라고 생각했다. 과연 누구에게 무슨 빚을
  지고 있다고 말하는가?

3) 바울은 왜 자기 동족과 이방 민족에게 복음 전할 책임을 빚이라
  고 생각하는가? (사도행전 1:8; 고린도전서 9:16~17)

4) 바울과 당신의 모습을 비교해 보라. 당신은 전도나 선교를 너무
  좁게 생각하고 있지는 않은가? 바울처럼 이방 민족에게 복음을
  전하려는 열망을 갖고 있었는가? 당신이 기도와 헌금으로 지원
  하고 있는 선교사가 있는가? 만약 하나님이 기회를 주신다면
  자신의 은사를 살려 세계 어디든 이방 민족에게 복음을 증거하
  기 위해 헌신해 보고 싶지 않은가?

5) 과거에는 선교지로 가야만 만날 수 있던 이방 민족들(외국인 근로자, 유학생 등)이 매년 한국에 수만 명씩 몰려오고 있다. 오늘날 우리 주변에서 이방인들을 만나는 것은 그리 어려운 일이 아니다. 나가서 복음 전해야 할 땅 끝의 이방인들이 우리 주변에서 살고 있는 것이다. 당신은 이들에 대해 바울과 같이 빚진 심정을 갖고 있는가? 구체적으로 어떤 일부터 시작할 수 있는지 생각해 보라.

3. 교회가 세상을 위해 해야 할 두 번째 사명은 복음의 문을 열기 위한 사랑과 봉사다. 누가복음 10장 30~37절의 말씀을 가지고 이 사실을 설명하라.

1) 본문의 내용을 간단히 요약하라.

2) 예수님이 '가서 너도 이와 같이 하라'고 명령하셨는데, 이것이 무엇을 하라는 말씀인지 설명해 보라.

3) 사마리아인의 사랑과 봉사에서 돋보이는 점들이 무엇인가?

4) 사마리아인과 당신을 비교하면서 발견하는 것이 있으면 말해
   보라.

5) 오늘날 당신의 모습이나 한국 교회의 모습 중에 제사장이나 레
   위인 처럼 행동하고 있다고 느끼는 것이 있는가? 만일 그렇다
   면 그 이유가 어디에 있는지 말해 보라.

4. 교회가 세상을 위하여 해야 할 세 번째 사명은 복음의 문이 닫히
   지 않게 하기위한 거룩한 생활의 모범을 보이는 것이다. 베드로전
   서 2장 11~12절을 찾아보라.

1) 본문의 내용을 다시 한 번 자신의 말로 적어 보라.

2) 하나님의 자녀가 세상 앞에서 조심할 것이 무엇인가? (11절)

3) 하나님의 자녀가 세상 앞에서 해야 할 일이 무엇인가? (12절)

4) 교회가 세상에서 선한 행실을 보여 주어야 할 궁극적인 이유는 하나님께 영광을 돌리는 데 있지만, 세상 편에서 무시할 수 없는 또 한 가지의 이유가 있다. 잘못하면 복음을 가로막을 수 있기 때문이다. 그래서 현대 사회에서 전도를 가로막는 가장 큰 장애물은 바로 교회라고 한다. 왜 이런 말이 나오는 것인지 각자의 생각을 나누어 보라. (참고, 마태복음 5:13~16)

5) 거룩한 삶의 회복을 위해 오늘의 교회가 무엇을 해야 한다고 생
각하는가? 더불어 당신의 행동 하나하나가 세상을 위해 얼마나
중요한가를 다시 정리해 보라.

5. 이 시간 배운 말씀을 간단하게 요약해 보라. 그리고 자신이 크게
깨달은 것은 무엇이며, 그것이 실제로 당신에게 어떤 영향을 미칠
수 있다고 생각하는지 말해 보라.

세상의 소금

소금은 두 가지의 치명적인 독약, 즉 나트륨과 염소로 구성되어 있다. 이 두 가지 원소가 각각의 원소로 나누어져 있는 상태에서는 양만 충분하면 우리의 생명도 빼앗을 수 있다. 그러나 둘이 합쳐질 때 삶에 절대적으로 필요한 존재가 된다. 교회의 선교에는 복음 전도와 사회 참여의 두 가지 요소가 있는데, 다른 하나가 없이는 각 요소는 치명적이 될 수 있다.

바로 이런 의미에서 우리는 세상의 소금이다. 우리가 소금 맛을 잃었는가를 물어볼 때, 우리의 영적 상태에 대해서만 물어서는 안 된다. 왜냐하면 예수님이 명하신 것을 우리가 행하지 않을 때 이미 소금 맛이 없어지기 때문이다. 어떤 사람들은 성찬 예식은 잘 이행하는데, 제자들의 발을 씻을 대야와 수건은 소홀히 한다. 반대로 어떤 사람들은 대야와 수건을 중요시 여기나 성찬 예식은 소홀히 한다.

선교는 이 둘이 동시에 필요하다. 교회는 세상에 속하지 않았다는 바로 그 이유 때문에 세상에서 섬길 수 있도록 구비되어야 한다. 만일 우리가 세상에서 시작하면 교회는 그 사명을 잃을 것이다. 하지만 우리가 하나님으로부터 시작한다면 교회는 세상을 위해 그 생명을 바칠 수밖에 없을 것이다. 그러나 그렇게 죽음으로써 우리는 비로소 살아나게 된다.

– 폴 스티브스 –

5

제자의 자격(1) : 전적 위탁자

'제자'라는 말은
신약의 4복음서와 사도행전에서 250회 이상 나오고 있다.
이 용어가 사용된 사례들을 살펴보면
바른 믿음을 가진 자들에게 적용되고 있음을 알 수 있다.
예루살렘에 처음 등장한 교회에서는
믿는 자들을 예외 없이 '제자'라고 불렀다.
이 때의 제자는 모두 예수 그리스도의 제자를 말한다.
예수 그리스도를 따르고, 배우고, 순종하는 자들이다.
예수처럼 되고, 예수처럼 사는 자들이다.
그리고 예수를 위해 죽을 각오까지 하는 자들이다.
예수님은 세상을 떠나시면서
모든 족속으로 이런 사람들이 되게 하라고 명령하셨다.
누구든지 예수처럼 되고 예수처럼 살다 죽으려면
적어도 세 가지 면에서 갖추어져야 한다.
첫째, 예수님에게 자기를 전적으로 위탁을 해야 한다.
둘째, 말과 행동으로 어디서나 예수를 증거해야 한다.
셋째, 예수처럼 다른 사람을 섬기는 사랑의 종이어야 한다.
이 시간에는 먼저 예수님에게 전적으로 위탁한다는 것이
무엇인가를 배우려고 한다.

1. 신약 성경에서는 어떤 사람을 제자라고 부르는지 확인해 보라.

　　마태복음 10 : 1

　　요한복음 8 : 31

2. 누가복음 14장 25~33절을 중심으로 예수의 제자가 되기를 원하는 자가 치러야 할 대가가 무엇인지 말해 보라.

　　1) 본문의 내용을 각자 자신의 말로 쉽게 다시 정리해 보라.

2) 예수님이 자기를 따르는 허다한 무리와 제자를 구별하고 계시
   는 것을 보면서 느끼는 바를 적어 보라.

3) 왜 둘 사이를 구별하시는 것일까?

4) 제자가 치러야 할 첫 번째 대가는 무엇인가? 그리고 그 의미를
   생각해 보라.

5) 이것이 처자를 사랑하지 말라거나 버리라는 말씀인가?

6) 예수님을 제일 사랑하면 처자나 이웃을 진심으로 사랑할 수 있
   는 능력이 생긴다는 사실을 아는가? 이 사실에 대하여 당신의
   생각을 말해 보라.

____

____

- -

- -

7) 두 번째로 지불해야 할 대가와 그 의미가 무엇인지 말하라. (27절)

____

- -

- -

8) 주님을 따르기 위해 당신이 짊어진 십자가가 무엇인지 있는 대
   로 말하라.

____

____

- -

- -

9) 세 번째로 지불해야 할 대가는 무엇인가? (33절)

____

____

- -

- -

10) 모든 소유를 버린다는 의미를 생각해 보라. (마태복음 6:24)

11) 당신은 주님을 위해 모든 소유를 버린 사람인가?

12) 망대와 협상의 비유는 무엇을 교훈하고 있는가?

13) 위에서 언급한 세 가지 대가를 지불하지 못하면 예수의 제자
가 되지 못한다고 했는데, 이것을 구원받을 수 없다는 의미로
받아들여도 좋다고 생각하는가?

3. 예수를 따르려다 실패한 몇 사람들의 예는 우리에게 큰 경고를 준다. 누가복음 9장 57~62절을 가지고 검토하라.

1) 본문의 내용을 자신의 말로 다시 정리해 보라.

2) 처음 등장한 사람은 예수를 좇았다고 보는가? 아니면 실패했다고 보는가?

3) 만일 실패하였다면, 그 이유가 무엇인지 추리해서 설명해 보라.

4) 이 사람의 모습이 마치 당신 자신을 들여다보는 것 같은 인상을 주지 않는가?

5) 두 번째 등장한 사람은 무엇이 문제였는가?

6) 제자가 되려면 부모의 장례식도 포기를 해야 한다는 말인가?

7) 당신은 우선권을 바로 정하고 신앙 생활을 하는 사람인가?

8) 세 번째 사람은 자진해서 예수를 좇겠다고 했는데, 주님이 보시기에 그는 어떤 문제에 걸려 있었는가?

9) 이 사람이 어떠한 사람인지를 설명할 수 있는 실제적인 예를 들
  어 보라.

10) 당신에게는 이런 문제가 없는지 반성해 보라.

4. 이 시간에 다룬 모든 내용을 종합해 보면 예수에게 전적으로 위탁
  한다는 것이 무엇을 말하는 것인지 대충 짐작할 수 있을 것이다.
  각자 나름대로 전적 위탁의 정의를 내려 보라. 그리고 자신은 위
  탁이 된 제자인지 아닌지를 솔직하게 말해 보라.

도망칠 것인가? 붙잡을 것인가?

우리가 십자가에 대해서 취할 수 있는 태도는 도망치든지, 아니면 그 위에서 죽든지 오직 두 가지 중에 하나가 있을 뿐이다. 만일 무모하게 도망친다면 이 같은 행위는 우리 조상들의 믿음을 파기하고, 그리스도의 가르침을 다른 어떤 것으로 전락시키게 될 것이다. 그러면 우리에게 구원은 빈 껍데기에 불과하게 될 것이며, 우리가 십자가를 떠남과 동시에 능력이 우리를 떠나게 될 것이다.

– A. W. 토저 –

순종은 어떤 영적 태도보다 중요한 것이다. 순종하는 사람은 하나님께서 무엇을 시키든 그대로 한다. 그는 타협하지 않는다. 하나님께서 말씀하시면 그것으로 끝이다. 더 이상 왈가왈부할 것이 없다. 우리가 순종하는 법을 알기 위해서는 우리 마음에 하나님의 말씀을 담고 있는 일이 매우 중요하다. 순종은 모든 올바른 태도들 가운데서 없어서는 안 되는 필수적인 것이다. 순종은 다른 모든 영적인 덕들을 가능하게 해 주는 총괄적인 덕이다. 순종의 태도 없이 행하는 일들은 모두 무의미하다. 내적인 순종이 외적인 예배 행위보다 낫다. (사무엘상 15:22) 뿐만 아니라 순종은 다른 올바른 영적 태도로까지 우리를 이끌어 준다.

– 존 맥아더 –

6

제자의 자격(2) : 증인

예수님께서 이 땅에서 제자들에게 마지막으로 남기신 유언은
'땅 끝까지 이르러 내 증인이 되라' 고 하신 말씀이다.
그러므로 진정한 예수님의 제자라면
이와 같은 그분의 지상명령(The Great Commission)에 따라
복음의 증인으로서의 확고한 소명을 가져야 한다.

예수님께서는 제자들에게
"아버지께서 나를 보내신 것같이
나도 너희를 세상에 보내노라"고 말씀하셨다.
그러므로 우리는 세상으로부터 부름 받은 하나님의 백성임과 동시에
또한 증인의 신분으로 세상으로 보냄 받은 그리스도의 제자다.
그리스도의 제자들은 이 세상을 사는 동안
삶의 모든 영역에 걸쳐서 복음의 증인이 되어야 한다.
그리스도의 제자들은 언제 어디서 무엇을 하든지 간에
자신의 직업과 재능, 모든 능력을 동원하여
증인으로서의 합당한 삶을 살아야 한다.

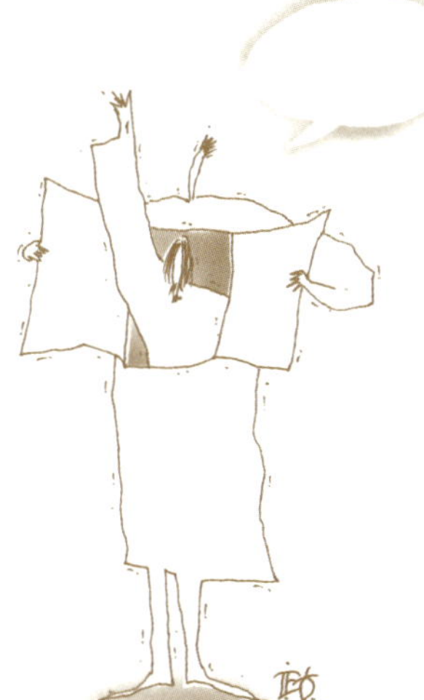

1. 예수님께서는 모든 사역을 마치시고 승천하시기 전에 제자들에게
   간곡한 당부를 하셨다. 누가복음 24장 44~49절을 보라. 예수의 제
   자란 결국 무엇을 하기 위해 부름 받은 자들이라고 할 수 있는가?

   1) 주님께서 제자들에게 최종적으로 부탁하신 일은 무엇인가? (48
      절, 참고 사도행전 1:8)

   ____

   ____

   -

   -

   2) 제자들이 증인으로서 증거 해야 할 내용은 구체적으로 무엇인가?

   46절

   ____

   ____

   47절

   ____

   ____

   3) 예수의 이름으로 죄 사함을 얻게 하는 회개가 모든 족속에게 전
      파되기 위해서는 반드시 예수 그리스도의 증인이 필요하다. 그
      렇다면 증인으로서 갖추어야 할 3가지 요건은 무엇인가?

   45절

   ____

   ____

48절

49절 (참고, 요한복음 20:21~22)

2. 성령이 교회에 임하신 것은 무엇보다 교회를 예수의 증인이 되게
   하는 데 그 목적이 있었다. 아래 구절들을 중심으로 그 근거를 살
   펴보라.

사도행전 2:4

사도행전 2:11

사도행전 2:36

사도행전 4:20

3. 예수를 믿는 사람은 다 증인이어야 하는가? 아니면 증거는 소명받은 소수의 사람들이 책임질 은사의 영역인가? 사도행전 1장 8절을 중심으로 검토하라.

   1) 그리스도인은 예외 없이 예수의 증인이라는 사실을 증명하라.
      (참고, 사도행전 2:17)

   ____

   ____

   ____

   2) 당신은 성령 받은 사람이기 때문에 증인임에 틀림이 없다고 확신하는가?

   ____

   ____

   3) 당신은 전도가 은사라고 생각한 일이 없는가? 그래서 자신은 은사가 없어서 전도를 할 수 없노라고 변명한 일은 없는가?

   ____

   ____

   ____

4. 사도행전은 초대교회 성도들이 성령을 힘입어 행한 일을 기록하여 오늘을 사는 예수 그리스도의 증인들에게 여러 가지를 가르쳐 주고 있다. 사도행전 4장 29~31절의 내용을 통해 우리에게 교훈하고 있는 것이 무엇인지 주의해서 살펴보라.

1) 초대교회 성도들이 처한 상황을 요약해 보라. (참고, 사도행전
   4:1~3, 23~28)

2) 그들은 핍박 속에 있으면서 그 핍박에 대해 무엇이라고 기도했
   는가? 그들이 합심해서 간절히 구한 기도의 핵심은 무엇인가?
   (29~30절)

3) 그들의 기도를 하나님이 매우 흡족하게 여기셨다는 증거를 찾
   아보라. (31절)

4) 당신도 이런 기도를 지금 해 보고 싶지 않는가? 지금의 상황 속
   에서 당신이 드리고 싶은 기도의 내용을 적어 보라.

5. 모든 그리스도인은 자신의 직업이 무엇이든지, 어떠한 은사를 갖
   고 있든지, 언제 어디에서 어떻게 살든지 예수의 증인으로서 합당
   한 삶을 살아야 한다. 당신은 세상으로 보냄 받은 복음의 증인으
   로서 무엇을 해야 하는가? 각자가 깨달은 느낌과 사명에 대하여
   이야기해 보자.

훌륭한 증인이 되려면

훌륭한 그리스도의 증인이 되기 위해서는 다음의 다섯 가지 필수 요소를 갖추어야 한다. 먼저, 인내하라. 처음에 성공하지 못하면 계속 다시 시도하라. 포기하기에는 항상 너무 빠른 법이다. 둘째로, 친절히 대하라. 귀찮은 존재가 되면 안 된다. 그들을 쫓아버리는 것이 아니라 그들을 얻어야 하는 것이다. 셋째로, 성령의 인도하심 아래 순종하라. 성령께서 일하시는 통로로 당신 자신을 내어 드리라. 넷째로, 메시지를 분명하게 전달하라. 사람들이 이해할 수 있는 쉽고 분명한 말을 사용하라. 다섯째로, 복음에 합당한 경건한 삶을 살라. 당신의 삶을 보고 당신이 전하는 메시지가 참됨을 그들이 알게 될 것이다.

– 리로이 아임스 –

7

제자의 자격(3) : 종

예수님의 제자는 종이 되어야 한다.
예수님은 종으로 섬기는 본을 보이셨다.
제자는 스승을 따르지 아니하면 안 된다.
그리고 제자는 예수를 증거하는 입장에 있기 때문에
실제의 삶에서도 예수님처럼 살아야 한다.
예수님의 제자가 전하는 메시지는 자신은 종이며,
사랑으로 기꺼이 봉사할 수 있다는 것이어야 한다.
제자는 이웃을 자기 몸과 같이 사랑해야 한다.
그리고 그 사랑은 주는 것이어야 한다.
입으로는 사랑을 떠들면서 희생하기를 거부하는 자는
하나님 나라에서 아무 가치가 없는 존재라 할 수 있다.
그 나라의 권위가 섬김에서 온다는 것을 모르는 자가
어찌 그 나라를 받을 수 있겠는가?

1. 요한복음 13장 13~17절을 가지고 왜 예수님의 제자가 종이 아니면 안 되는지를 설명하라.

   1) 본문의 내용을 각자 자신의 말로 쉽게 정리해 보라.

   2) 본문 전체를 통해 예수님이 말씀하시려는 주제는 무엇인가?

   3) 왜 예수님이 종에 대한 교훈을 꺼내시게 되었는가? 그 배경과 분위기를 말해 보라.

4) 예수님의 제자는 남을 섬기는 종이 되지 아니하면 안 되는 숙명을 지니고 있다. 그렇게 말할 수 있는 이유는 무엇인가? (13~14절)

5) 당신은 다른 사람의 발을 씻겨 본 경험이 있는가? 있으면 그 때의 심정을 말해 보라.

6) 17절 말씀에서 '이것'은 무엇을 가리키는 대명사인가? 그리고 그것이 복을 받는 근거가 되는 이유는 무엇인가?

7) 당신은 선생이신 예수님의 본을 따르고 있는가? 그렇다면 그
   구체적인 예를 들어 보라.

2. 바울 사도는 자기 자신을 어떤 위치에 두고 교회를 섬겼는가?

빌립보서 1:1

고린도후서 4:5

1) 본문의 내용을 각자 자신의 말로 쉽게 정리해 보라.

2) 왜 교역자를 성도의 종이라고 하는가?

3) 오늘날 교회에서는 이 구절을 악용하여 교역자에게 너무 지나친 요구를 하는 사례가 없지 않다. 그 예를 한번 들어 보라.

4) 교역자가 성도의 종으로서 섬긴다는 말이 무엇을 의미한다고 생각하는가?

5) 교역자가 주님을 위해서 성도를 섬겨야 한다면 평신도는 어떻게 해야 하는가?

3. 예수님의 제자는 특별한 동기를 가지고 섬기는 생활을 한다. 두 가지 동기를 말하라.

　　1) 제1의 동기 (요한일서 3:16)

　　2) 제2의 동기 (출애굽기 21:1~6)

　　3) 당신의 동기는 무엇인가? 어떤 동기에서 섬기기를 원하는가?

4. 마태복음 25장 31~46절을 읽고, 다음 질문에 대답하라.

1) 본문의 내용을 간단히 요약하라.

2) 주님의 말씀을 들은 양의 대답과 염소의 대답에서 볼 수 있는
   차이점이 무엇인지 말하라.

3) 당신은 양과 염소의 대답에서 무엇을 느끼는가?

4) 당신이 양에게서 배워야 할 점과 염소에게서 배워야 할 점을 말
   하라.

종의 마음

종의 마음은 잃어버린 영혼을 그리스도께로 인도하기 위해 하나님께서 사용하시는 최고의 통로 중 하나다. 그리스도가 없는 사람들의 심령 속에 사랑의 다리를 놓는 것은 복음을 전할 수 있기 위한 준비가 된다. 어떤 사람은 복음을 설명해 주기만 해도 돌아올 수 있다. 그러나 많은 사람들은 우리가 그들의 종이 될 때에야 그리스도께로 나아온다. 당신이 아는 사람 중에 주님의 종으로 여길 만한 사람이 있는가? 종이 된다는 것은 어떤 위치라기보다는 태도를 말한다. 그것은 종으로서의 희생을 각오하고 기꺼이 다른 사람들의 필요를 채우는 마음을 뜻한다. 많은 경우에 종은 눈에 띠지 않지만, 조만간 사람들이 그를 의지하게 되고 그를 찾게 된다. 이러한 봉사의 사역은 때가 되면 그리스도를 닮은 제자로 성장하는 통로가 될 수 있다.

– 웨이런 B. 모어 –

8

몸의 지체와 상호 사역

교회의 본질을 잘 아는 것은
교회를 잘 섬기기 위해 매우 중요하다.
잘못하면 교회를 차가운 조직체로 오해할 수 있다.
우리는 현실 교회가 약동하는 생명력과 그 생명의 신비스러운 교류가
둔화된 조직체로 변해 가는 것을 가슴 아프게 생각해야 한다.
교회는 그리스도의 몸이다.
왜 교회를 몸이라고 비유하는지 분명하게 알면,
교회가 조직체로서 메말라 가는 비극을
사전에 막을 수 있다.
교회의 일원으로 몸을 담고 있는 평신도가
자기 자신을 예배의 참석자로만 생각하는 이상,
그는 절대로 지체의 기능을 회복할 수 없을 것이다.
그러므로 우리가 교회를 몸으로 이해하는 일이
얼마나 중요한가를
다시 한 번 깨달아야 할 것이다.

1. 다음의 말씀들은 예수 그리스도와 교회, 그리고 성도의 관계를 어떻게 말씀하고 있는가?

고린도전서 12:27

골로새서 1:18

2. 우리가 지체로서 그 기능과 역할을 잘 감당할 수 있도록 하기 위해 성령께서는 우리 각자에게 은사를 주신다. 고린도전서 12장 27~31절은 이 사실에 대해 어떻게 말씀하고 있는가?

1) 본문의 내용을 자신의 말로 다시 정리해 보라.

2) 은사란 무엇인가?

____

____

____

- -

- -

3) 본문에 나오는 여덟 가지는 다양한 은사 가운데서 선택한 것들
   이다. 우리는 이것을 직분의 이름을 가진 것과 그렇지 않은 것
   으로 나눌 수 있다. 두 가지로 분류해 보라.

____

____

- -

- -

- -

4) 당신이 받은 은사가 있으면 지적하라. 그리고 어떻게 그 은사를
   받은 것을 알게 되었는지 말하라.

____

____

- -

- -

- -

5) 은사는 우리가 마음대로 선택하는 것인가? 아니면 성령이 주시
는 대로 받는 것인가? 그리고 그 이유를 말하라.

6) 좋은 은사를 사모할 수 있다고 하는 말은 무슨 뜻인가?

7) 큰 은사를 사모하는 제일 좋은 길이 무엇이라고 생각하는가?
(12:31; 14:1)

3. 지체 사이에 존재하는 유기적인 관계를 고린도전서 12장 14~26
절을 가지고 검토하라.

1) 14~20절은 지체의 다양성에 관한 설명이다. 이것은 은사의 어
떤 점을 설명하는 비유라고 생각하는가?

2) 21~24절은 모든 지체가 그 존재 가치 면에서 평등하다는 것을
설명하고 있다. 이것이 은사와 어떤 점에서 연관성을 가진다고
생각하는가?

3) 24~26절은 지체간의 상호 사역, 즉 지체끼리 서로 돕는 기능을
말하고 있다. 지체가 같은 마음을 품고 서로 돌아봄으로써 얻는
유익은 무엇인가?

4) 당신은 교회 안에서 다른 형제(자매)와 같이 웃고, 같이 우는 관계를 유지하고 있는가?

4. 골로새서 3장 16~17절을 가지고 평신도가 말씀을 가지고 서로 돕는 것이 얼마나 놀라운 은혜를 가져다주는가를 검토하여 보라.

1) 본문의 내용을 자기 말로 다시 한 번 쉽게 정리해 보라.

2) '너희'는 누구를 말하는가? (1:2)

3) 누가 피차 가르칠 수 있는가?

4) 말씀을 가지고 서로 봉사하는 자리에 어떤 축복이 임하는가?
두 가지를 말하라. (16~17절)

5) 당신이 사역반을 마치면 말씀을 마음속에 풍성히 담고, 다른 형
제(자매)들과 피차 가르치고 권면하는 작은 목사 일을 해야 한
다. 마음의 준비가 되어 있는가?

요점 정리

- 교회는 그리스도의 몸이요, 성도는 그 지체이다.
- 지체 간에는 우열이 없으며 평등하다.
- 각 지체마다 자기의 고유한 기능을 가진다.
- 지체의 기능을 위해 성령께서 은사를 주신다.
- 은사는 다양하나 한 가지 목적, 즉 다른 지체를 위해 봉사한다는 점에서는 동일하다.
- 은사를 자신의 유익을 위해서만 사용하는 것은 죄가 된다.
- 은사는 성령께서 자기 뜻대로 나누어 주신다. 그러나 좋은 은사를 사모할 수 있다.
- 교회는 몸이므로 지체마다 서로 끊어질 수 없는 유기적인 생명의 관계를 유지하고 있다.
- 교회는 그 어떤 이유에서도 조직체로 굳어져서는 안 된다. 조직은 몸으로서의 기능을 돕는 범위 안에서만 유지되어야 한다.

서로 가르치는 일의 중요성

사실 현대인들은 설교를 너무 많이 들어서 탈이다. 테이프를 통해서 듣고 싶은 설교는 어디서든 들을 수 있다. 더욱이 케이블 방송과 인터넷 방송이 시작되어 이제는 24시간 설교를 안방으로 끌어들일 수 있게 되었다. 문제는 설교를 아무리 많이 들어도 그것만 가지고는 하나님의 말씀이 마음속에서 주인으로 역사하게 만들지는 못한다는 사실이다. 소그룹을 통해 서로 깨달은 말씀을 피차 가르쳐야 한다. 우리가 참으로 주님 앞에 능력 있는 그리스도인이 되어 이 땅 위에 빛과 소금으로 살려면 설교 몇 편 듣는 것으로 만족해서는 안 된다. 제자훈련과 소그룹 모임을 강조하는 이유가 바로 여기에 있다.

교회사가 에드윈 오르는 이런 말을 했다. "교회사 전체를 통해서 살펴볼 때 피차 가르치고 권면할 수 있는 분위기를 만들고 서로 모이는 소그룹은 교회 부흥을 이루는 데 자양분을 공급하는 환경이 되었다. 그래서 이 소그룹은 기독교 부흥의 선두에 서거나 강력한 촉매가 되거나 아니면 뒤따라가는 하나의 운동이 되었다." 정확한 지적이라 생각한다.

초대 교회의 보이지 않는 뿌리는 바로 가정 교회라는 소그룹 모임이었다. 거기에서 공급되는 은혜로 눈에 보이는 지상 교회가 온갖 환난과 핍박 가운데서도 살아남아 세상을 향해 힘차게 뻗어 나갈 수 있었던 것이다. 오늘날에도 피차 가르치는 일의 필요성은 줄어들지 않았다. 아니 오히려 그 필요성을 더욱 절박하게 느끼게 되었다고 말하는 편이 옳을 것이다.

– 옥한흠 –

9

사역의 장을 찾으라

하나님께서는 우리를 그리스도의 몸 된 교회의 지체로 부르셨고,
또한 우리가 가진 은사와 기량이
가장 잘 드러날 수 있는 자리를 만들어 놓으셨다.
이 자리야말로 우리가 최고가 될 수 있도록
하나님께서 설계해 놓으신 자리요 삶의 영역이다.
있어야 할 바로 그 자리에서 섬길 때
우리는 비로소 하나님이 주시는 최상의 기쁨을 누릴 수 있으며
삶과 사역의 아름다운 열매를 가지고 주님 앞에 설 수 있다.
그러나 은사를 발견하고 은사에 적합한
사역의 장을 찾아 섬기는 것보다 더 중요한 것이 있다.
그것은 바로 예수 그리스도 안에서
자신의 정체성을 분명히 아는 것이다.
동시에 주님이 부르시는 곳이라면 어느 곳에서나
순종하겠다는 각오와 열린 마음이 있어야 한다.
그런데 우리가 마땅히 섬겨야 할 사역의 장을 찾는 일은
한번의 발견으로 끝나지 않는다.
발견하고 발전시키고 실천해 가는
일련의 과정을 통할 때에만
비로소 제 자리를 찾을 수 있다.

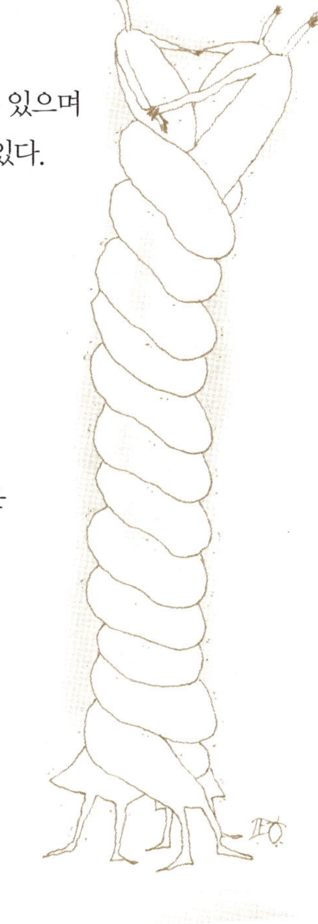

1. 하나님께서 지으신 세상에서 우리 각자는 단 하나 밖에 없는 독특
하고 신묘막측한 존재들이다. 하나님께서 지으신 우리에 대해 시
편 기자는 어떻게 묘사하고 있는가? (시편 139:13~14)

2. 우리는 하나님이 주신 은혜를 그저 자신만을 위해 소비하며 살아
가도록 부름 받은 것이 아니라 하나님이 주신 은혜를 통해 다른
사람들을 섬기고 기여하며 살아가도록 부름 받았다. 이 사실을 에
베소서 2장 9~10절을 가지고 검토해 보라.

1) 하나님께서 우리를 지으신 목적이 있다고 말한다. 그것이 무엇
인가?

2) 우리를 향한 하나님의 계획은 언제부터 준비된 것인가?

3) 당신에게 맡겨진 선한 일은 무엇이라고 생각하는가?

3. 하나님께서는 당신이 아니면 이룰 수 없는 사역을 위해 당신을 독
   특한 모습으로 만드시고 지금까지 인도하셨다. 당신이 마땅히 섬
   겨야 할 사역의 장은 어떻게 찾을 수 있는가? 다음의 4가지 단계
   를 가지고 정리해 보라.

   은사를 발견하라

   나는 어떤 일을 하도록 은사를 받았는가?

   사명을 따르라

   하나님께서는 내 안에 어떤 열망을 주셨는가?

   개성을 확인하라

   나의 개성으로 섬기기에 가장 합당한 곳이 어디인가?

   발자취를 돌아보라

   하나님께서는 나를 어떻게 준비시켜 오셨는가?

4. 사역의 장 프로파일을 가지고 당신의 사역의 장을 구체적으로 찾
   아보라.

사역의 장 프로파일

성명:

당신은 현재 사역에 참여하고 있습니까?　　　　□ 예　□ 아니오

사역에 참여하고 있다면 어떤 사역입니까?

은 사　영적 은사

나의 영적 은사는 무엇인가?

1. ____

2. ____

3. ____

나에게는 어떤 영적 은사를 가진 사람들의 도움이 필요한가?

1. ____

2. ____

3. ____

내가 좋아하는 것은 무엇인가?

1.

2.

3.

내가 섬기고 싶은 사람들은 누구인가?

연령그룹 :

관심그룹 :

나에게 동기를 부여하는 주제는 무엇인가?

1.

2.

3.

하나님께서 나를 어떤 일에 부르셨다고 느끼는가?

1.

2.

3.

나의 강한 행동 유형은 어떤 것이 있는가?

1. ____

2. ____

3. ____

나의 행동 유형에는 어떤 장점과 단점이 있는가?

장 점　　　　　　　　　　　　단 점

1. ______________________　　______________________

2. ______________________　　______________________

3. ______________________　　______________________

나는 어떤 환경에서 어떻게 하면 사역을 잘할 수 있을까?

1. ____

2. ____

3. ____

내게 주어진 특별한 능력은 무엇인가?

1. ______________________________

2. ______________________________

3. ______________________________

가장 가치 있는 나의 자산은 무엇인가?

1. ______________________________

2. ______________________________

3. ______________________________

내게 주어진 특별한 경험은?

1. 특별한 영적 경험 ______________________

____

____

2. 가장 고통스러웠던 경험 ______________________

____

____

3. 교육적 경험 ______________________

____

____

4. 직업적 경험 ______________________________

____

____

5. 사역적 경험 ______________________________

____

____

나의 가능한 봉사사역은?

(어디서 어떠한 사역에 참여할 수 있는가?)

1. ______________________________

2. ______________________________

3. ______________________________

언제 봉사할 수 있는가?

요일 : ☐ 월 ☐ 화 ☐ 수 ☐ 목 ☐ 금 ☐ 토 ☐ 주일 ☐ 언제든지

시간 : ☐ 오전 ☐ 오후 ☐ 저녁 ☐ 주말

5. 당신의 은사를 발견하는 것보다 더 중요한 것이 있다. 그것은 섬기는 마음을 개발하는 것이다. 신앙의 성숙도는 섬기는 태도에서 알 수 있기 때문이다. 다음 성경구절을 가지고 봉사하는 자의 자세를 정리해 보라.

마가복음 10:43-44

베드로전서 4:10

마태복음 20:28

골로새서 3:23

은사에 대한 설명

가. 하나님의 말씀을 전하는 은사

A. 설교(예언)의 은사

1. **설교(예언)의 은사**는 이해, 바르게 함, 회개 혹은 덕을 세우기 위해서 진리를 드러내고 적절한 방법으로 진리를 선언하는 신성한 능력이다.

   또한 믿지 않는 자들을 확신시키고 믿는 자들을 도전하고 위로하는 영감있는 방식으로 하나님의 말씀을 공적으로 전하는 능력이며, 하나님의 뜻을 설득력 있게 선포하는 능력이다.

2. **이 은사를 가진 사람은**
   1) 화합이란 목적을 위해 다른 사람의 죄나 속임수를 밝히 드러낸다.
   2) 확신과 회개와 덕을 세우기 위해 적합한 하나님의 말씀을 이야기한다.
   3) 다른 사람들이 간과하는 진리를 꿰뚫어 보며 여기에 반응하도록 다른 사람 들에게 도전을 준다.
   4) 회개가 없는 곳에는 하나님의 즉각적인 혹은 미래에 있을 하나님의 심판을 경고한다.

3. **이 은사를 가진 사람이 유의할 점**
   1) 사랑과 동정으로 말하지 않으면 듣는 사람들이 메시지를 받아들이지 않을 수도 있다는 것을 알아야 한다.
   2) 자존심을 피해야 한다. 자존심은 성령께 강요하거나 성령을 낙담시킴으로 써 이 은사를 훼방할 수 있다.
   3) 각 예언은 성경 자체와 그 말씀에 대한 바른 해석에 근거해야만 한다는 것

을 기억해야 한다.

4. **참조 구절:** 롬 12:6; 고전 12:10, 28; 벧후 1:19~21

B. 전도의 은사

1. **전도의 은사**는 불신자들에게 효과적으로 복음을 전하고, 그들을 믿음으로 반
응하도록 이끄는 능력이다.

2. **이 은사를 가진 사람은**
   1) 복음의 핵심을 명료하고 효과적으로 전한다.
   2) 불신자들의 필요를 잘 간파하며 복음으로 자연스럽게 연결한다.
   3) 불신자들을 믿게 하여 예수님께 전적으로 헌신하도록 도전한다.
   4) 불신자와의 관계를 이루어 나가는 기회를 찾는다.
   5) 불신자들을 향한 사랑이 있으며, 그들이 구원 얻는 것을 보고자 하는 소원
      함이 있다.

3. **이 은사를 가진 사람이 유의할 점**
   1) 주님을 영접하는 사람의 결정적 동기는 성령의 역사이지 사람의 노력이 아
      니라는 것을 기억해야 한다.
   2) 우리는 모두 증인이지만 모두가 다 복음 전도자는 아니라는 것을 기억하고
      다른 사람을 정죄하거나 비판하지 않도록 해야 한다.
   3) 동일한 접근 방법이 모든 사람에게 적절한 것은 아니므로 주의 깊게 다른
      사람의 말에 귀를 기울일 필요가 있다.

4. **참조 구절:** 엡 4:11; 행 8:26~40; 눅 19:1~10

C. 선교의 은사

1. 선교의 은사는 타 문화권의 믿지 않는 자들에게 복음을 전하고 그 문화 속에 살아가고 있는 신자들을 돕기 위해 다른 문화에 적응하는 능력이다.

2. 이 은사를 가진 사람은
    1) 다른 인종 사람들과 함께 있는 것이 편안하며, 그들의 마음이 열리는 것을 알 수 있다.
    2) 타문화권의 믿지 않는 자들에게 복음을 전하고 싶은 열망을 가지고 있다.
    3) 타문화 속에 살아가고 있는 사람들을 돕기 위해 다른 문화에 적응하는 것이 어렵지 않다.
    4) 특정 종족 집단에 대해 호의를 가지고 있으며 그들에 대한 특별한 마음을 가지고 있다.

3. 이 은사를 가진 사람이 유의할 점
    1) 타문화권 선교만 강조하다가 가까운 곳에 있는 사람들에게 복음 전하는 일에 소홀해질 수 있다는 점에 유의해야 한다.
    2) 선교사로서 필요한 훈련과 준비를 적절하게 받지 못한 채 열심만 가지고 선교에 뛰어들 경우 선교지역에서 어려움을 야기할 수도 있다.
    3) 타문화권의 특성 상 개인적인 성품이나 인간관계에서 성숙하지 못하면 심각한 어려움에 처할 수도 있다.

4. 참조 구절: 행 1:8; 마 28:19~20; 요 20:21~23

나. 하나님의 사람들을 세우는 은사

D. 가르침의 은사

1. **가르침의 은사**는 성경을 사람들이 잘 배울 수 있는 방식으로 명확하게 설명하고 적용하는 것을 통해 성도들을 교육하는 능력이며, 또한 사역을 위해 믿는 자들을 훈련시키고 준비시키는 능력이다.

2. **이 은사를 가진 사람은**
   1) 하나님의 말씀을 가르칠 때 큰 기쁨을 얻는다.
   2) 삶의 변화를 극대화시키기 위해 하나님의 교훈을 총체적으로 전달한다.
   3) 상세하고 정확한 것에 신경을 쓴다.
   4) 연구와 묵상에 많은 시간을 사용하며 준비한다.
      (핵심 코드가 '자신의 계속 성장'이므로 지속적으로 연구하고 개발할 때 안정감을 누린다.)
   5) 배우는 만큼 가르칠 수 있는 능력이 있다.
   6) 가르치는 사람의 말, 어구, 내용 등에 대해서 세심히 관심을 집중한다.
   7) 다른 이들로 하여금 더 배우고 공부하고 싶은 마음이 생기도록 말씀을 통하여 도전을 줄 수 있다.
   8) 어떤 지식이나 기술을 상대방이 알아듣고 적용하기 쉽게 가르쳐 줄 수 있다.

3. **이 은사를 가진 사람이 유의할 점**
   1) '뛰어난' 성경적 지식과 이해로 인해 자만심을 갖지 않도록 주의해야 한다.
   2) 가르칠 때 너무 상세한 것에 치중하다가 삶에의 적용을 놓칠 수 있다.
   3) 영성이란 얼마나 많이 아느냐로 측정되지 않는다는 것을 기억해야 한다.

4. **참조 구절:** 롬 12:7; 고전 12:28~29; 행 18:24~28; 딤후 2:2

E. 격려 · 권면의 은사

1. **격려 · 권면의 은사**는 성도들이 믿음에 있어서 낙담하거나 흔들릴 때 그들이 성경적 원리를 적용하고 실천하도록 동기를 부여하는 능력이다. 또한 다른 사람들에게서 최선을 것을 끌어내고 그들의 잠재력을 발전시키도록 도전하는 능력이다.

2. **이 은사를 가진 사람은**
   1) 용기를 잃은 사람들을 강하게 하고 재확신시키기 위해 그들을 찾아간다.
   2) 하나님의 약속 안에서 신뢰와 희망을 갖도록 도전하거나 위로하며 대처한다.
   3) 성경적 진리를 적용하여 행동하도록 촉구한다.
   4) 하나님의 약속과 뜻 안에서 확신을 가질 것을 강조한다.
   5) '바나바' 와 같은 역할을 한다.
   6) 설득력이 매우 좋다.
   7) 다른 사람에게서 최선의 것을 끌어내고 그들의 잠재력을 발전시키도록 도와준다.

3. **이 은사를 가진 사람이 유의할 점**
   1) 때로는 지나치게 낙관적이거나 단순하며 아첨할 수도 있다.
   2) 먼저 현재의 상황과 정말 필요한 것이 무엇인지를 파악할 시간을 가져야 한다.
   3) 하나님의 의도와 뜻을 예리하게 분별해야 한다.
   4) 긍정적인 일만 말하고 필요에 따라 대처하기를 회피할 수도 있다.
   5) 리더의 발목을 잡을 수도 있다. ("왜 연약한 자들을 돌보지 않는가?")

4. **참조 구절:** 롬 12:8; 행 11:22~24, 15:30~32

F. 지혜의 은사

1. 지혜의 은사는 인생의 여러 가지 상황들에 대한 하나님의 관점을 이해하고, 하나님의 진리를 특별한 상황에 맞도록 효과적으로 적용하는 능력이다.

2. 이 은사를 가진 사람은

1) 하나님의 말씀을 마음에 새기고 그것들을 나누기를 원한다.

2) 교회의 필요를 충족시키기 위해 무엇이 필요한지 이해한다.

3) 갈등과 혼란 가운데서도 하나님이 주시는 해결책을 제시하며, 혼란의 시기에 '문제 해결 능력'이 있다.

4) 주어진 환경에서 하나님의 최선을 위해 방향을 제시하시는 성령께 귀를 기울인다.

5) 영적 진리를 구체적이며 실질적으로 적용할 줄 안다.

6) 삶을 위한 지혜와 실질적 도움이 되는 답을 줄 수 있다.

3. 이 은사를 가진 사람이 유의할 점

1) 하나님이 주신 지혜를 나누지 못할 수 있다.

2) 다른 사람들이 자신에게 의지하면 안 된다. 이것은 하나님에 대한 다른 사람의 신앙을 약화시킬 수 있다.

3) 이 은사를 갖지 못한 사람들에 대해 인내할 수 있어야 한다.

4) 하나님의 지혜와 인간의 삶에 대한 이해가 겸비되지 않으면 항상 부담만 줄 수 있다.

4. 참조 구절: 고전 12:8; 고전 2:3~14; 약 3:13~18; 렘 9:23~24

G. 영 분별의 은사

1. **영 분별의 은사**는 옳고 그른 것, 진리와 허위를 분별하는 능력이며 하나님의 말씀에 근거하여 즉각적인 판단을 하는 능력이다.

2. **이 은사를 가진 사람은**
   1) 진리와 잘못된 것, 옳고 그름, 순수한 동기와 불순한 동기를 구별한다.
   2) 다른 사람의 속임수를 정확하고 적절하게 찾아낸다.
   3) 성경에 위배되는 가르침이나 설교 등을 분간할 수 있다.
   4) 가르침이나 예언적 메시지 혹은 해석에서 일관되지 않은 것을 발견해 낸다.
   5) 어떤 사람이나 환경에서 마귀가 역사하고 있음을 잘 감지할 수 있다.

3. **이 은사를 가진 사람이 유의할 점**
   1) 자신의 깨달음, 느낌, 통찰을 표현하는 방법에 대해 고민할 수 있다.
   2) 다른 사람을 대할 때에 사랑으로 진리를 말하기보다 가혹하게 대답할 수 있다.
   3) 말하기 전에 자신의 깨달음을 확인할 필요가 있다.
   4) 말(입)을 절제해야 하고 귀로 듣는 훈련, 침묵 훈련을 해야 한다.

4. **참조 구절:** 고전 12:10; 행 5:1~4; 마 16:21~23

H. 지식의 은사

1. **지식의 은사**는 성도 개개인이나 교회 성도 전체에게 있어서 극히 중대한 정보를 발견하고 수집하고 분석하고 정리하는 능력이다. 또한 많은 양의 정보를 이해하고 효과적으로 의사 결정하도록 도움을 제공하는 능력이다.

2. 이 은사를 가진 사람은

1) 그들이 교회에 더 잘 봉사하게 하는 진리를 받는다.

2) 통찰과 이해와 진리를 찾기 위해 성경을 탐구한다.

3) 교회에 기여할 수 있는 비범한 통찰력과 이해력이 있다.

4) 가르침이나 실제적이고 실용적인 정보들을 정리하는 것을 좋아한다.

5) 자연스런 관찰이나 수단에 의해서 얻을 수 없는 지식을 습득한다.

3. 이 은사를 가진 사람이 유의할 점

1) 이 은사가 자만심을 유발하지 않도록 조심해야 한다.

2) 교회에 지식의 말씀을 전할 때 이것이 자신의 것이 아니라 하나님의 메시지라는 것을 기억해야 한다.

3) 지식을 더함은 고통도 더한다는 사실을 기억해야 한다.

4. 참조 구절: 고전 12:8; 막 2:6~8; 요 1:45~50

다. 하나님의 사랑을 나타내는 은사

I. 섬김의 은사

1. **섬김의 은사**는 교회 성도들 가운데 채워지지 않은 필요들을 인식하고 실제적인 도움을 신속하게, 흔쾌히, 그리고 남들이 알아주는 것을 바라지 않고 앞장서서 제공하는 능력이다.

2. 이 은사를 가진 사람은

1) '경계'를 알리는 안테나를 가지고 있어 다른 사람들의 필요를 재빨리 인식하고 즉각적으로 행동을 취한다.

2) 전형적으로 이타적이어서 보이지 않는 곳에서 다른 사람들이 좀더 효과적

으로 일할 수 있도록 돕는 것을 좋아한다.

    3) 교회 안팎의 자질구레한 것들을 찾아내기 좋아하며 부탁받지 않더라도 종종 그러한 일들을 하곤 한다.

    4) 사역을 돕는 일상적인 일에서도 영적 가치와 의미를 발견한다.

    5) 하나님께 소명을 받아 일하는 사람들의 짐을 덜어 주는 것을 즐거워한다.

    6) 은사 측면에서만 보면, 전면에 나서는 것을 싫어하나 좋은 리더십을 갖고 있다.

3. 이 은사를 가진 사람이 유의할 점

    1) 그들의 은사를 존중해야 하며, 이러한 실제적 행동은 주님의 몸된 교회를 위한 영적 헌신이라는 것을 기억해야 한다.

    2) 개인적인 일정보다 지도자의 일정에 우선순위를 두는 반응이 필요하다.

    3) 탈진(Burn out) 현상이 오지 않도록 유의해야 한다.

4. 참조 구절: 고전 12:28; 롬 12:7; 롬 16:1~2

J. 목양의 은사

1. 목양의 은사는 믿는 사람들의 영적 필요를 돌보며 그들이 사역을 감당할 수 있도록 준비시키는 능력이다. 즉 사람들이 영적으로 성장하며 예수님을 닮게 하기 위해 그들을 양육하고 보살피며 지도하는 능력이다.

2. 이 은사를 가진 사람은

    1) 다른 사람들의 영적 필요를 안식하며, 그들이 영적으로 성장할 수 있도록 돕는 것을 좋아한다.

    2) 자신의 소그룹 사람들을 지속적으로 잘 관리하며 그들을 보살피고 돌보는 것을 좋아한다.

3) 다른 사람의 지적, 감정적, 의직적인 면을 살피며 전인격적으로 지도해 준다.

4) 최선을 다해 헌신하고 예수님을 따르는 것이 어떤 것인지 삶을 통해 모범을 보인다.

3. 이 은사를 가진 사람이 유의할 점

1) 하나님께서는 감독의 책임을 게을리 하거나 남용하는 사람을 심판하신다는 것을 기억해야 한다.

2) 다른 사람을 양육하고 지원하고 싶은 욕망이 때로는 상대로 하여금 거절하는 것을 어렵게 만든다는 사실을 알아야 한다.

3) 양육받은 자들 중에 어떤 사람들은 양육자의 능력 이상으로 성장하며, 또 그들이 자유롭게 성장해야 할 필요가 있다는 것을 깨달아야 한다.

4. 참조 구절: 엡 4:11~12; 벧전 5:1~4; 요 10:1~18

K. 후히 드림의 은사

1. **후히 드림의 은사**는 그리스도의 몸된 교회가 성장하고 더욱 강건해지도록 물질적인 자원들을 풍성하게 드리는 능력이다. 또한 다른 사람들이 사역하는 데 도움이 되도록 재정을 마련하고 관리하는 능력이다.

2. 이 은사를 가진 사람은

1) 주는 것이 자동적이며, 베푸는 것이 그들의 삶이다.

2) 도움이 필요한 사람이나 사업을 위해 기쁜 마음으로 풍성히 헌금한다.

3) 가능한 한 많은 물자를 내어 놓기 위해 재정 관리를 하며 자신의 생활 양식을 절제한다.

4) 하나님의 일을 위해 더 많이 드리도록 자신에게 많은 자원을 허락하셨다고 믿는다.

5) 하나님께서 자신의 필요를 채워 주실 것을 믿으며, 후하고 기쁘게 물자를 제공한다.

6) 돈을 버는 특별한 능력을 가지고 있고 그것을 하나님의 일을 위해 사용한다.

3. 이 은사를 가진 사람이 유의할 점

1) 자신의 은사를 존중하며, 물자 제공은 주님의 몸된 교회에 대한 영적인 헌신이란 것을 기억해야 한다.

2) 교회 일정은 구제하는 자의 은사에 의해서가 아니라 지도자에 의해서 결정된다는 것을 기억해야 한다.

3) 탐욕을 조심해야 한다.

4) 자신이 주었던 것들은 모두 잊어야 한다. 내 것을 준 것이 아니라 자신은 단지 통로였다는 사실에 늘 깨어 있어야 한다.

5) 물질에 관계된 하나님의 일을 하는 데 적극적이어야 하고 자기 사업에 충실해야 한다.

4. 참조 구절: 롬 12:8; 고후 6:8; 눅 21:1~4

L. 긍휼의 은사

1. 긍휼의 은사는 교회 성도들 가운데 고통을 당하는 사람들의 상처를 감지하고 마음으로 깊이 공감하는 능력이다. 낙심과 위기, 고통을 겪고 있는 사람들에게 자애롭고 격려가 되는 지원을 제공하는 능력이다.

2. 이 은사를 가진 사람은

1) 고통받는 사람들의 고통이나 불안의 근원을 경감시켜 주는 데 초점을 둔다.

2) 외롭고 잊혀진 사람들이 필요로 하는 것들을 찾아낸다.

3) 고난과 위기를 당한 사람들에게 사랑과 은혜와 위엄을 베푼다.

4) 일반 사람들이 감당하기 어렵고 포기 하기 쉬운 대상들을 잘 감당한다.

5) 고생스럽고 어려운 환경에서도 기쁘게 봉사한다.

6) 압박받는 사람의 개인적 혹은 사회적 문제에 관심을 가진다

3. 이 은사를 가진 사람이 유의할 점

1) 사람을 고통에서 구하려는 것이 오히려 그들에 대한 하나님의 역사를 방해할 수도 있다는 것을 알아야 한다.

2) 도움을 받은 어떤 사람들에게서 감사의 표현이나 표시가 없을 때에 오는 '인정 받지 못함'에 대한 감정 처리가 필요하다.

3) 다른 사람의 고통의 근원에 대해 방어적이 되거나 분노하는 것을 조심해야 한다.

4) 자기의 구제나 긍휼, 행동으로 타인을 규탄하거나 비판하지 않아야 한다.

4. 참조 구절: 롬 12:8; 마 5:7; 막 10:46~52; 눅 10:25~37

M. 대접의 은사

1. **대접의 은사**는 다른 사람들, 특히 교회 분위기에 익숙하지 않은 사람들이 따뜻하게 환영받고 있으며 수용되고 있다고 느끼도록 해 교회의 권속이 된다는 것을 편안하게 만드는 능력이다.

2. 이 은사를 가진 사람은

1) 사람들이 가치 있고 관심을 받고 있다고 느낄 수 있는 환경을 제공한다.

2) 새로운 사람을 만나도 그들이 환영받는다는 느낌을 갖도록 돕는다.

3) 모든 사람들이 즐거워할 수 있는 분위기를 제공하는 능력을 가지고 있다.

4) 의미 있는 관계가 이루어지도록 사람들을 연결시키는 방법을 찾는다.

5) 다른 사람들에게서 어떻게 최선의 것을 끌어 낼 수 있는지를 알고 있는, 좋

은 대화자이다.

6) 늘 상대방의 안위에 큰 관심을 가지고 있다.

7) 친숙하지 않은 환경에서도 사람들을 편하게 대한다.

8) 사람들에게 친교와 음식, 잠자리를 제공하며 본인의 집을 쉽게 공개한다.

3. 이 은사를 가진 사람이 유의할 점

1) 이 은사를 '남을 즐겁게 접대하는 일'로만 보지 말아야 한다.

2) 누가 친구가 되길 원하며 도움이 필요한지 하나님께 물어보아야 한다.

3) 손님을 집으로 초대할 때 자기 가족에게 부담이 되지 않도록 조심해야 한다.

4. 참조 구절: 벧전 4:9~10; 롬 12:13; 히 13:1~2

라. 하나님의 영광을 표현하는 은사

N. 기술 · 기능의 은사

1. 기술 · 기능의 은사는 사역에 사용될 물건들을 창조적으로 디자인하고 만드는 능력이다.

2. 이 은사를 가지 사람은

1) 나무, 천, 물감, 금속, 유리 그리고 기타 재료를 사용한다.

2) 다른 사람의 사역 효과를 더해 주는 물건들을 제작한다.

3) 실제적인 필요를 채우기 위해 손재주로 봉사하는 것을 즐긴다.

4) 사역에 필요한 실제적인 물건이나 자원을 디자인하고 만든다.

5) 다양한 연장을 사용하며 숙련되어 있다.

6) 이런 유형의 사람이 있으면 사역의 증대 효과를 일으켜 주기도 한다.

7) 이런 유형의 사람이 조직 내에서 덜 중요한 사람으로 평가되면 안 되며 더

많이 격려하고 인정해 주어야 한다.

3. 이 은사를 가진 사람이 유의할 점

1) 그들의 은사가 중요하며 교회에 영적 헌신을 할 수 있다는 사실을 간과할 수 있다.
2) 과정을 통해 성장하도록 돕기보다 일을 완성키 위해 사람을 이용할 수도 있다.
3) 그들이 만들어 내는 물건은 목표를 위한 수단이지 그 물건이 목표가 아니라는 것을 기억해야 한다.
4) 본인이 제작하거나 헌신한 영역들이 사용되지 않을 때, 낙심하거나 인정받지 못했다는 생각이 아니라 이미 그 과정 자체를 하나님이 받으셨다는 것을 기억해야 한다(고전 12:23~24).

4. 참조 구절: 출 31:3, 35:31~35; 행 9:36~39; 왕하 22:5~6

O. 예능의 은사

1. 예능의 은사는 다양한 예술의 형태로 하나님의 진리를 전달하는 능력이다.

2. 이 은사를 가진 사람은

1) 여러 예술의 형태를 이용하여 하나님의 진리를 전달한다.
2) 연극, 글쓰기, 미술, 음악 등과 같이 예술적 기술을 개발하고 사용하는 것을 좋아한다.
3) 다양성과 창조적 성향을 사용하여 사람들을 매료시켜 예수님의 메시지를 생각하게 한다.
4) 예술적인 표현을 통해서 사람들로 하여금 자기 자신, 사람들과의 관계, 그리고 하나님에 관해 보다 잘 이해하도록 돕는다.

5) 하나님의 진리를 전할 수 있는 새롭고 참신한 방법을 찾기 좋아한다.

6) 남들과 똑같은 것을 싫어하고, 혼자 작업하는 것을 좋아하는 경향이 있어 다른 사람들과 잘 융합하지 못할 수도 있다.

7) 시대적 역할(예배와 문화)에 꼭 필요한 교회 내의 인적 자원이다.

3. 이 은사를 가진 사람이 유의할 점

1) 예술은 그 자체가 목적이 아니며 하나님께 영광을 돌리고 다른 사람에게 덕을 세우기 위한 것이라는 사실을 기억해야 한다.

2) 수용하기 어려운 평가와 건설적인 비평을 받을 수 있다.

3) 비협조적일 수도 있으므로(자아, 자존심 혹은 개인주의적 성향 때문에), 팀에 속하여 일하도록 해야 한다.

4. 참조 구절: 시 150:3~5; 삼하 6:14~15; 막 4:2, 33

마. 영적 능력과 관련된 은사

P. 중보기도의 은사

1. **중보기도의 은사**는 교회 성도들의 필요에 대해 장기간에 걸쳐 정기적으로 기도하는 능력이다. 또한 응답이 있을 때까지 낙심하지 않고 끝까지 기도하는 능력이다.

2. 이 은사를 가진 사람은

1) 기도 부탁을 받으면 이를 위해 낙심하지 않고 끝까지 기도한다.

2) 도움이 필요한 경우의 사람이나 상황을 보면 기도해야겠다는 강한 의무감을 느낀다.

3) 오랫동안 기도하기를 좋아하며 주님이 인도하시는 것을 경험한다.

4) 기도하면서 이 일이 다른 사람을 위해 사역하는 것이라고 확신한다.

5) 하나님께서 기도하는 사람에게 곧바로 응답하신다고 확신한다.

6) 이해가 되든 되지 않든 성령의 인도를 따라서 기도한다.

7) 기도제목을 주면 자기가 또 다른 기도제목도 발견한다.

3. 이 은사를 가진 사람이 유의할 점

1) 그들의 은사가 가치 없는 것이라는 생각을 버리고, 다른 사람들을 위한 중보는 그들의 사역이며, 주님의 몸 된 교회를 위한 영적 헌신이라는 것을 기억해야 한다.

2) 기도를 책임감을 채우기 위한 도피의 수단으로 사용치 말아야 한다.

3) 때때로 긴 기도 시간과 하나님과의 영적 친교로 갖게 되는 영적 엘리트 의식과 태도를 버려야 한다.

4. **참조 구절:** 롬 8:26~27; 요 17:9~26; 딤전 2:1~2; 골 1:9~12, 4:12~13

Q. 신유의 은사

1. 신유의 은사는 신체적, 정서적 혹은 영적인 치유가 필요한 사람들을 위해서 믿음으로 기도하고 하나님의 응답하심을 체험하는 능력이다.

2. 이 은사를 가진 사람은

1) 병든 자들을 보면 불쌍히 여기며, 기도해 주고 싶은 강한 열망이 생긴다.

2) 병들어 고통받는 자들을 위해서 믿음으로 기도한다.

3) 치유를 통해 하나님의 권능을 나타내며, 하나님의 메시지에 권위를 부여한다.

4) 성경적 진리를 알리고 하나님의 영광을 드러내는 기회로 사용한다.

5) 치유가 필요한 사람들이 종종 찾아와 기도해 주기를 요청한다.

6) 기도나 접촉, 말로써 사람의 몸에 기적적인 치유를 행한다.

3. 이 은사를 가진 사람이 유의할 점

1) 치료하기로 결정하는 것은 이 은사를 가진 사람의 믿음이나 치료받는 자의 믿음이 아니라 하나님께서 하신다는 것을 기억해야 한다.
2) 하나님께서는 치유를 구하며 기도를 받는 모든 사람들을 치유하시겠다고 약속하지 않았음을 깨달아야 한다.
3) 예수님께서도 세상에서 사역하실 때 병들고 고통받는 사람들 모두를 치유하지는 않으셨다는 것을 기억해야 한다.

4. 참조 구절: 고전 12:9, 28, 30; 행 3:1~16; 막 2:1~12

R. 영으로 드리는 기도의 은사

1. **영으로 드리는 기도의 은사**는 '방언, 통역의 은사'라고 지칭하기도 하는데, 통역의 은사가 있는 사람만이 이해할 수 있는 언어로 하나님께 기도하는 능력이다. 또한 말하는 사람이 알지 못하는 언어로 말하고 예배하며 기도하는 능력과, 통역의 은사를 통해 교회에 전하는 하나님의 즉각적인 메시지를 받을 수 있는 능력이다.

2. 이 은사를 가진 사람은

1) 전에 한 번도 배우지 않았던 언어로 기도한다.
2) 마음으로 이해할 수 없는 깊고 오묘한 알지 못하는 말로 주님께 예배한다.
3) 알지 못하는 언어로 기도하는데 하나님에 대한 확신과 신뢰가 강해진다.
4) 방언으로 기도할 때 어떤 내용으로 기도하는지 알 수 있다.
5) 방언을 통역함으로써 교회가 교훈과 권면과 위로를 받은 적이 있다.
6) 이 기적적인 증거를 통해 하나님의 능력을 나타내고 하나님을 영화롭게 한다.

3. 이 은사를 가진 사람이 유의할 점

1) 언제나 하나님의 뜻을 반영해야 하며 사람의 뜻을 반영해서는 안된다.

2) 이 은사는 서로에게 덕을 세우고 교회를 세우기 위한 것이라는 사실을 기억해야 한다.

3) 이 은사는 방언과 연관해서 질서 있게 사용해야 한다.

4) 성령의 권위에서 오는 이 은사가 다른 사람들에게도 나타나야 한다고 기대하거나 강요해서는 안된다.

4. 참조 구절: 고전 12:10, 14:5, 26~28; 13:1, 14:1~33; 행 2:1~11

바. 교회를 이끄는 은사

S. 사도의 은사

1. **사도의 은사**는 교회의 개척이나 사역 조직 체계의 개발을 시작하며 감독하는 능력이다. 또한 새로운 것들을 기꺼이 시도하려는 태도, 위험을 무릅쓰는 능력이다.

2. 이 은사를 가진 사람은

1) 새로운 사역이나 교회를 개척하고 설립한다.

2) 그리스도의 몸에서 이들은 '하나님의 기업가' 이다. 아무것도 없는 것에서 무엇인가를 만들어 낼 수 있다.

3) 문화적인 감수성과 예지를 가지고 있어서 다른 환경에도 잘 순응한다.

4) 다른 지역이나 다른 나라에서 미개척된 사람들을 위해 사역코자 한다.

5) 여러 사역이나 여러 교회의 그룹을 감독하는 책임감을 가지고 있다.

6) 교회의 사명에 대한 권위와 비전을 보여 준다.

7) 새로운 환경이나 일 속에서 대체로 이 유형이 리더십이 된다.

3. 이 은사를 가진 사람이 유의할 점

1) 이런 유형이 리더의 위치가 아닐 경우엔 많은 오해를 받을 수도 있다.

2) 그들의 권위를 오용함으로써 다른 사람 안에 있는 성령의 역사를 제지할 수도 있다는 것을 알아야 한다.

3) 교회가 확인하고 보낸 사람이어야 한다.

4) 요구를 많이 하거나 회의적이 될 수도 있다.

5) 일을 마구 추진하고 저돌하다보면 상대방을 향한 하나님의 뜻, 의도를 무시할 수도 있다.

6) '혼자' 있으면 아무 일도 성립되지 않는다. 누군가가 계속 도와주고 수습하는 역할을 해주어야 한다.

4. 참조 구절: 고전 12:28~29; 엡 4:11~12; 롬 1:5; 행 13:2~3

T. 지도력의 은사

1. **지도력의 은사**는 다른 사람들의 참여를 이끌어 내기 위해 사역의 목적과 방향, 비전을 전달하고 규명하는 능력이다. 또한 사역의 목표를 성취할 때 동역하는 모범을 보임으로써 다른 사람들에게 동기를 부여하는 능력이다.

2. 이 은사를 가진 사람은

1) 사람들에게 사역의 목적과 방향, 비전을 명확히 전달한다.

2) 다른 사람의 능력을 최대한 발휘할 수 있도록 동기를 유발한다.

3) 목표를 세우고 이를 성취하기 위해 사람이나 자원을 효과적으로 활용한다.

4) 현실을 뛰어 넘어 하나님께서 원하시는 미래를 볼 수 있는, '거시적 윤곽'을 제시한다.

5) 모범적인 사역을 통하여 그 사역의 가치를 일깨워 준다.

3. 이 은사를 가진 사람이 유의할 점

1) 인간 관계에 신뢰감이 쌓이려면 시간이 필요하다는 것과 이 신뢰감은 지도력을 효과적으로 수행할 때 필수적이라는 사실을 알아야 한다.

2) 종으로서의 지도력은 성경적 모범이며 모든 사람의 종이 가장 큰 자가 된다는 것을 기억해야 한다.

3) 이 은사를 사용하기 위해 꼭 지도자의 '자리'에 있어야 할 필요는 없다(리더십이 보이지 않을 수 있고, 오히려 평범한 사람인데도 이 은사가 있을 수 있다).

4. 참조 구절: 롬 12:8; 히 13:17; 눅 22:25~26

U. 행정의 은사

1. **행정의 은사**는 '조직화'의 은사라고 지칭되기도 하는데, 다른 사람들의 은사를 인식하고 그들을 사역에 잘 동원하는 능력이다.

효과적인 사역을 위해 사람들과 자원, 시간을 운영하고 관리하는 능력이며, 사역의 목표를 성취하기 위한 과정을 계획하고 많은 세부사항들을 조정 및 수행하는 능력이다.

2. 이 은사를 가진 사람은

1) 정해진 목표를 달성하기 위해 계획이나 방안, 구체적인 전략을 수립한다.

2) 인적자원이나 사업 또는 행사를 총괄 계획하고 편성하는 것을 좋아한다.

3) 세부 사항들을 조정하고 실행하는 데 있어서 철저하고 신중하며 능숙하다.

4) 조직의 무질서에서 질서를 창조해 낸다.

5) 전체적인 그림을 잃지 않으면서 발생 가능한 문제들을 예상하여 대안을 만들어 낸다.

6) 인사, 업무, 행사들을 조직한다.

7) 전형적으로 다른 사람들에게 권한을 위임하는 법을 익히 알고, 그들을 참
여시키는 것을 좋아한다.

3. 이 은사를 가진 사람이 유의할 점

1) 평신도가 이 은사를 가지고 있을 경우, 지도자의 비전을 가리지 않도록 해
야 한다.

2) 계획들을 조정할 때는 공개적으로 해야 하며 모든 과정을 필히 지도자와 투
명하게 나누어야 한다

3) 사람들의 발전 과정을 고려하지 않고 목표 달성을 위해서만 사람을 이용할
수 있다.

4) 목표 달성의 과정에서 이루어지는 하나님의 목표를 간과할 수 있다. 아무
리 계획이 철저하다 할지라도 하나님의 의도와 뜻과 위배될 수 있고 실패
할 수도 있다는 것을 알아야 한다.

4. 참조 구절: 고전 12:28; 행 6:1~7; 출 18:13~26

V. 믿음의 은사

1. **믿음의 은사**는 보이지 않는 것에 대해 하나님을 신뢰하고, 상황에 상관없이
하나님의 약속하심을 따라 행동하는 능력이다.

2. 이 은사를 가진 사람은

1) 하나님의 약속을 믿고 다른 사람들도 그 약속을 믿도록 고무시킨다.

2) 위험을 무릅쓰는 것을 좋아하며, 장애를 극복시켜 주시는 하나님의 능력에
대한 전적인 확신을 가지고 행동한다.

3) 하나님의 뜻과 약속에 대해 신뢰하는 태도를 가지고 있으며, 끝까지 인내
하는 능력이 있다.

4) 다른 사람들이 주저할 때에 그들이 전진할 수 있는 것은 예수님 때문이라
는 근거를 제시한다.

5) 필요한 것을 하나님께 구하고 주실 것을 믿는다.

6) 조직이나 팀에 에너지와 역동성을 불어 넣어준다.

3. 이 은사를 가진 사람이 유의할 점

1) 합리적으로 이야기하고 계획을 세우는 것에 대해 신앙이 부족하다고 생각
해서는 안된다.

2) 현명하고 성령 충만한 신자의 조언에 귀를 기울이고, 그 조언을 고려해야
한다.

3) 이 은사를 가진 사람이 다른 은사를 가진 사람보다 많다고 해서 흔한 은사
이고 특별하지 않다고 생각해서는 안된다.

4) 남을 위해 도구로 사용된다고 해서 남을 멸시하거나 키워 주려는 경향을
없애야 한다.

5) 자기 믿음을 다 말로 표현하려하지 말고 깊이 묵상하고 오히려 삶으로 보
여 주어야 한다. (자신이 믿는 바대로 모두 다 공개하면 사람들은 감당할
수 없다.)

4. 참조 구절: 고전 12:9, 13:2; 히 11:1; 롬 4:18~21

받은대로 봉사하라

하나님은 한 사람 한 사람에게 재능을 주시고 그것을 사용해 주님을 세상에 알리게 하셨습니다. 거기서 끝입니다. 그 이상도 이하도 없습니다. 올림픽 선수에는 스피드를, 세일즈맨에게는 재치를, 외과의사에게는 수술 솜씨를 주셨습니다. 무엇 때문에 그런 선물들을 주셨습니까? 금메달을 따고, 뛰어난 영업 실적을 올리고, 병을 고쳐 주기 위해서인가요? 그럴 수도 있지만, 그게 전부는 아닙니다. 으뜸가는 목적은 하나님을 위해 무언가 의미 있는 일을 하는 데 있습니다. 주님을 세상에 선명히 드러내는 데 있습니다. "각각 은사를 받은 대로 하나님의 각양 은혜를 맡은 선한 청지기같이 서로 봉사하라… 이는 범사에 예수 그리스도로 말미암아 하나님이 영광을 받으시게 하려 함이니"(벧전 4:10~11).

– 맥스 루케이도 –

많은 사람들이 섬기지 않는 이유 가운데 하나는 자신이 섬기기에 부족하다고 느끼며 두려워하기 때문이다. 그들은 수퍼 스타만이 하나님을 섬길 수 있다는 거짓말을 믿는다. 어떤 교회들은 '최상'을 그들의 우상으로 만들어 이런 잘못된 생각을 교회 안에서 장려하고 있기 때문에, 보통의 달란트를 가진 교인들이 봉사하는 것을 주춤거리게 만든다. '잘 하지 않으려면 하지도 말라'는 말을 들어본 적이 있겠지만, 예수님은 그런 말을 한 번도 하지 않으셨다. 처음부터 어떤 일을 잘 해낼 수는 없다. 오히려 실수와 부족함을 통해 배우는 것이다. 우리는 소수의 엘리트에 의해 운영되는, 완벽하게 보이는 교회보다는 수천 명의 보통 사람들이 참여하는 교회가 되기를 원한다.

– 릭 워렌 –

10

당신은 왕 같은 제사장이다

중세기 암흑시대를 밝히는 횃불을 높이 들었던 종교 개혁자들이
성경에서 다시 찾아 우리에게 안겨 준 가장 큰 유산 가운데 하나는
모든 신자가 제사장이라는 진리이다.
평신도가 왕 같은 제사장이라는 주체 의식을 가지고 있다는 점에서
개신교는 가톨릭과 본질상 다른 것이다.
그런데 안타까운 일은 수많은 그리스도인들이
자신의 영광스러운 신분을
잘 모르고 신앙 생활을 하고 있다는 것이다.
그리고 일부에서는 교역자만
제사장직을 가지고 있는 것처럼 잘못 가르치고 있다.
이러한 사태는 하나님의 나라를 위해 막대한 손해가 아닐 수 없다.
교회가 무력한 군중으로 전락할 위험이 대단히 크다.
평신도가 자신들의 영광스러운 신분과 역할을
팥죽 한 그릇에 팔아버리는 어리석은 짓을 한다면
교회는 교회다울 수 없으며
세상을 이길 수 없게 될 것이다.
우리는 다시 한 번 눈을 떠야 한다.
우리 각자는
왕 같은 하나님의 제사장이다.

1. 다음의 두 구절에서 우리가 발견할 수 있는 진리는 무엇인가? 특히 이사야와 요한계시록의 말씀이라는 것이 어떠한 의미를 가지는 것인지 주의하라.

이사야 61:6

____

____

요한계시록 1:6, 20:6

____

____

2. 대제사장과 제사장에 대해 신구약 시대의 차이점을 비교해 보라.

1) 구약 시대에는 누가 대제사장직을 맡았는가? (히브리서 5:1)

____

____

2) 신약 시대에는 누가 대제사장인가? (히브리서 4:14; 5:5; 9:11;
   10:21)

3) 예수 그리스도와 인간 대제사장 사이에 있는 근본적인 차이점
   은 무엇인가? (히브리서 7:23~27)

4) 구약 시대 제사장들은 어떤 사람들이었는가? (레위기 21:1)

5) 신약 시대에는 이미 우리가 배운 대로 모든 성도들이 제사장이 된다. 그러나 베드로전서 2장 9절을 보면 또 하나의 새로운 사실을 발견할 수 있다. 그것이 무엇인가?

____

____

- -

- -

- -

3. 우리는 제사장으로서 하나님께 직접 나갈 수 있는 특권을 가지고 있다.

1) 하나님 앞으로 직접 나간다는 것은 무엇을 의미하는가? (히브리서 10:19~22)

____

____

- -

- -

- -

2) 직접 나가는 특권으로 당신이 누리는 축복을 구체적으로 한두 가지 말해 보라.

로마서 8:15

____

____

- -

- -

히브리서 4:16

요한복음 16:23

요한일서 1:9

3) 당신은 이 놀라운 특권을 얼마나 자랑스럽게 활용하고 있는가?
   실제적인 예를 들어 말해 보라.

4. 우리는 제사장으로 하나님께 영적 제사를 드릴 수 있는 특권을 가
지고 있다.

1) 영적 제사가 무엇인지 말하라. (로마서 12:1)

2) 영적 제사의 예를 몇 가지 찾아보라.

히브리서 13:15

히브리서 13:16

요한계시록 8:3

3) 당신이 날마다 반복하고 있는 가정과 직장 생활이 하나님께 드리는 영적 제사가 된다는 사실을 확신하는가?

4) 당신의 삶 전부가 영적 제사라는 사실이 당신에게 어떠한 영향을 미칠 수 있다고 생각하는가?

5. 제사장은 하나님의 말씀을 증거하는 특권을 가지고 있다.

1) 왜 증거의 생활이 제사가 될 수 있는가?

로마서 15:16

고린도후서 5:18, 19

베드로전서 2:9

2) 당신은 전도가 하나님을 기쁘시게 하는 제사가 된다는 사실을
   어떤 심정으로 받고 있는가? 증인이 된 자신을 자랑스럽게 여
   기고 있는지 말하라.

6. 우리는 제사장으로서 하나님께 중보기도하는 특권을 가지고 있다.

    1) 우리가 중보기도할 수 있는 사람은 얼마나 되는가? (참고, 디모
       데전서 2:1~2)

    2) 갈라디아서 6장 2절의 '짐을 서로 지라' 는 말씀에 대해 생각해
       보라. 이것이 중보기도를 의미할 수 있다고 생각하는가?

7. 이 시간에 배운 제사장직에 대해 자신이 특별히 깨닫고 느낀 것을
   적어 보라.

요점 정리

- 모든 그리스도인은 제사장이다.
- 교회 안에는 제사장직을 가진 특별한 신분이나 계급이 존재하지 않는다.
- 하나님과 성도 사이에는 예수 그리스도 외에는 아무도 중보자가 될 수 없다.
- 자기가 제사장이라는 주체 의식을 갖는 평신도들이 많이 일어날 때 교회의 체질이 개선될 수 있다.

만인 제사장직

만인 제사장직은 성도들이 세상 앞에서 하나님과 그의 뜻을 증거하고 세상에 봉사하기 위하여 생명을 바치게 하려고 부르신 소명으로 이루어져 있다. 이 제사장직을 만들고 그것으로 성도들끼리의 교제를 창조하신 분이 하나님이시다. 그들은 각자가 다른 사람들을 위해 하나님 앞에 나아가는 자임을 알고 있다.

각 사람마다 다른 형제(자매)들을 책임지고 있는 것이다. 그들은 다른 형제(자매)들의 고통과 고난을 같이 나누며, 그들의 죄 짐을 같이 지며, 매사에 같이 동거하기 위해 부름을 받은 사람이다. 만인 제사장직이란 성도마다 자신을 위해 살지 않고, 하나님 앞에서 다른 사람들을 위해 살며, 그 대신 자기는 다른 형제(자매)들의 도움을 받아가며 사는 성도의 교제를 말한다.

– 한스 큉 –

부록

주	구분	사역훈련	1일	2일	3일	4일	5일	6일	7일
1주		오리엔테이션	창 1~2	3~5	6~9	10~11	12~14	15~17	18~20
2주		1-1	21~24	25~26	27~31	32~36	37~40	41~44	45~47
3주		1-2	48~50	마 1~4	5~7	8~11	12~15	16~19	20~23
4주		1-3	24~25	26~28	출 1~2	3~6	7~10	11~12	13~15
5주		1-4	16~18	19~20	21~24	25~27	28~31	32~34	35~40
6주		1-5	막 1~3	4~7	8~10	11~13	14~16	레 1~3	4~7
7주		1-6	8~10	11~15	16~17	18~20	21~23	24~27	눅 1~2
8주		2-1	3~6	7~9	10~12	13~15	16~18	19~21	22~24
9주		2-2	민 1~4	5~8	9~12	13~16	17~20	21~25	26~30
10주	1학기	2-3	31~33	34~36	요 1~2	3~5	6~8	9~12	13~17
11주		2-4	18~21	신 1~4	5~7	8~11	12~16	17~20	21~26
12주		2-5	27~30	31~34	수 1~5	6~8	9~12	13~17	18~21
13주		2-6	22~24	삿 1~5	6~8	9~12	13~16	17~21	룻 1~4
14주		2-7	행 1~4	5~7	8~9	10~12	13~15	16~18	19~20
15주		2-8	21~23	24~26	27~28	삼상 1~3	4~8	9~12	13~15
16주		2-9	16~19	20~23	24~26	27~31	삼하 1~4	5~7	8~10
17주		2-10	11~14	15~18	19~20	21~24	롬 1~3	4~5	6~8
18주		3-1	9~11	12~16	왕상 1~4	5~8	9~11	12~16	17~19
19주		3-2	20~23	왕하 1~3	4~8	9~12	13~17	18~21	22~25
20주		3-3	대상 1~9	10~16	17~21	22~27	28~29	대하 1~5	6~9
21주		3-4	10~12	13~16	17~20	21~25	26~28	29~32	33~36
22주		방-1	고전 1~6	7~10	11~14	15~16	스 1~3	4~6	스 7~10 / 고후 1~9
23주		방-2	고후 10~13	느 1~2	3~4	5~7	8~10	느 11~13	갈 1~6 / 에 1~7
24주		방-3	에 8~10	욥 1~3	4~7	8~10	11~14	15~17	욥 18~28
25주	방학	방-4	욥 29~31	32~34	35~37	38~39	40~42	시 1~6	시 7~30
26주		방-5	시 31~36	37~41	42~49	50~54	55~59	60~66	67~89
27주		방-6	시 90~97	98~103	104~106	107~110	111~118	119	시 120~145
28주		방-7	시 146~150	잠 1~4	5~9	10~13	14~17	18~21	잠 22~31 / 전 1~6
29주		방-8	전 7~12	아 1~8	엡 1~6	사 1~4	5~7	8~12	13~20
30주		방-9	사 21~23	24~27	28~30	31~35	36~39	40~43	44~48
31주		3-5	사 49~51	52~57	58~62	63~66	빌 1~4	렘 1~3	4~6
32주		3-6	7~10	11~15	16~20	21~25	26~29	30~33	34~39
33주		3-7	40~45	46~49	50~52	골 1~4	애 1~5	살전 1~5	겔 1~6
34주		3-8	7~11	12~15	16~19	20~23	24~28	29~32	33~36
35주	2학기	3-9	37~39	40~43	44~48	살후 1~3	단 1~3	4~6	7~12
36주		3-10	딤전 1~6	호 1~3	4~6	7~8	9~11	12~14	딤후 1~4
37주		특강1	욜 1~3	딛 1~3	암 1~2	3~5	6~7	8~9	몬
38주		특강2	옵	히 1~2	3~4	5~7	8~10	11~13	욘 1~4
39주		특강3	약 1~5	미 1~2	3~5	6~7	벧전 1~5	나 1~3	벧후 1~3
40주		특강4	합 1~3	요일 1~5	습 1~3	요이	학 1~2	요삼	슥 1~2
41주		특강5	3~4	5~6	7~8	9~11	12~14	유	말 1~4
42주		특강6	계 1~3	4~6	7~9	10~13	14~16	17~19	20~22

성경 암송 구절

주제	과	소제목	성구	
1권 성령, 새 생활의 열쇠	1	정죄는 끝났다	로마서 8:1~4	
	2	영의 생각을 하는 사람	로마서 8:5~11	
	3	몸의 행실을 죽이는 사람	로마서 8:12~16	
	4	고난과 영광을 함께 받는 후사	로마서 8:17~25	
	5	확실한 두 가지 보증	로마서 8:26~30	
	6	아무것도 끊을 수 없는 관계	로마서 8:31~39	
2권 교회와 평신도의 자아상	1	교회란 무엇인가?	에베소서 2:19, 20	복습 1
	2	교회의 존재 이유(1): 예배	요한복음 4:23, 24	복습 2
	3	교회의 존재 이유(2): 훈련	에베소서 4:11~13	복습 3
	4	교회의 존재 이유(3): 증거	베드로전서 2:11, 12	점검 시험 1~3
	5	제자의 자격(1): 전적 위탁자	누가복음 14:26, 27, 33	복습 4
	6	제자의 자격(2): 증인	누가복음 24:46~48	복습 5
	7	제자의 자격(3): 종	고린도후서 4:5	복습 6
	8	몸의 지체와 상호 사역	골로새서 3:16, 17	점검 시험 4~6
	9	사역의 장을 찾으라	베드로전서 4:10	복습 1
	10	당신은 왕 같은 제사장이다	베드로전서 2:9	복습 2
3권 소그룹 환경과 리더십	1	소그룹 성경 공부의 교육 환경	히브리서 10:24, 25	복습 3
	2	소그룹 성경 공부와 리더십	데살로니가전서 2:7, 8	점검 시험 1~3
	3	귀납적 성경 연구 개관	시편 1:1, 2	복습 4
	4	귀납적 성경 공부의 실제(1): 관찰	이사야 34:16	복습 5
	5	귀납적 성경 공부의 실제(2): 해석	야고보서 1:5	복습 6
	6	귀납적 성경 공부의 실제(3): 적용	히브리서 3:13	점검 시험 4~6
	7	소그룹 커뮤니케이션: 질문과 경청	잠언 18:13	점검 1~3
	8	소그룹 교재 인도법	디모데전서 4:12	점검 4~6
	9	소그룹 견습과 평가	히브리서 13:7	점검 1~6
	10	소그룹 실습과 평가	디모데후서 2:2	점검 1~6

과제물 점검표

제   기   사역   반

이름

☆: 점검표시   O: 과제물을 빠짐없이 했을 때   △: 일부부만 했을 때   ×: 전혀 하지 못했을 때

날짜	교재 내용	예습	QT	성구 암송	성경 읽기	특별 과제	점검자